# 華燈之下

## 條通媽媽桑的
## 懺情錄

敦子媽媽——著

序

# 做什麼像什麼，你才能夠要什麼有什麼

相信有很多人都看過之前熱播的臺劇《華燈初上》，我也是受到這部戲的啓發，決定在網路上分享自己的條通故事，在此之前，從沒想過自己擁有的人生經歷如此與眾不同，起心動念也很簡單，只想透過粉專跟這本書和大家說說我夜深人靜時的心裡話。

曾經，在過去的二十年裡，因爲社會的有色眼光，除了身旁親近的親友之外，我幾乎不太讓人知道我的這段條通生活。（我相信不單單只有我，應該大部分曾經在條通上過班的人都有這種感覺，即便身處條通最高級的「姫グループ」也是一樣的心情。）雖然我一直很清楚知道自己在做什麼，並且也不覺得它是什麼黑歷史。（對我而言，它頂多是帶了一點灰色的過去。）但外人的眼光還是讓我難以開口，更遑論主動提起。

起初，我的家人並不了解我所在的日式酒店不是一般的條通酒店。就跟看過我的粉專或買書的你們一樣，說到酒店，自然而然有些刻板負面印象。我再怎麼解釋，他們依然半信半疑，這實在不是三言兩語就能說清楚或證明的。

所以我不提起這段過去，並不是不想，而是外界的印象讓這些過去被貼上了無形的標籤，既然無法逢人一一說明，乾脆選擇不提。

直到《華燈初上》的播出。

這部電視劇在我的眼裡看來，什麼毒品、什麼兇殺案，都只是編劇編出來的故事而已（事實上，在我的十年條通生活裡，從未看過這種事）。但劇裡的那些場景、那些氛圍、那些男男女女的愛恨情仇、甚至片頭的那首〈月亮代表我的心〉（很多日本人都會唱）……這些，都讓我久違的、深深的，再次陷入了二十年前的條通回憶裡。

看完第一季的那天晚上，我遲遲無法平復自己的心情。我想念年輕時，那個在條通努力向上，不顧一切往前衝的自己。雙魚座的我一向是很感性也很衝動的，實在忍不住心中的那份激動。住在身體裡那個久違的敦子，一直對著我大喊：「告訴大家啊！告訴大家妳的體驗多有趣！告訴大家妳的體驗多特別！告訴他們妳看到的那個世界、那些發生在妳身上的事！讓他們知道，妳的過去不是他們所以爲的那種『黑歷史』……」

於是，我的雙手有些顫抖又迫不及待，興奮的拿起手機，深吸一口氣，腦海裡的那些故事彷彿早就存在，連草稿都不用擬，就流暢的在臉書上打出我的第一回故事。

更沒想到的是，發了第一回文章之後，居然還有這麼一群素未謀面的網友，不嫌棄的聚集在一起，一字一句的留言鼓勵著我、期待著我的文章，也給了我莫大的勇氣，讓我就這麼一回一回的，慢慢分享著屬於我的故事。

甚至還有許多網友非常熱心的幫我分享粉專，我眞的非常感謝他們，讓我的粉專在短時間內快速成長。大家的期待敲碗也都一直耐心又有禮貌（原本超級害怕網路世界裡，會突然蹦出個酸民來對我開槍，阿姨我可能承受不了。）雖然我不知道你們是誰，但在空中感受到大家的喜愛與支持，心頭總是暖暖的。

雖然經過這麼多年，條通的生態已經改變，我口中的那八家店也早已經消失無蹤，變成了神祕的條通傳奇。但大家的支持與鼓勵，終將也會成為我人生中另一種特殊經歷與養分。畢竟誰會想到，大家居然會愛聽一個網路上的陌生阿姨說自己落落長的人生故事呢？

更開心的是，有些早已斷了聯絡的老同事，居然也因為看到我的文章而私訊我，重新有了聯繫，那種熟悉的感覺，讓我彷彿回到當年那個年輕的自己……

接著，陸續有出版社來詢問合作。可是我只是個素人，並不是專業的作家，面對眼前這樣突如其來的改變，我的心裡忐忑不安，甚至想：「這年頭還會有人願意買書嗎？」「萬一出成了書，又被拿去拍成電視劇或電影……這樣好嗎？」「這種題材，真的會有人想看嗎？」

此時，我四十六歲了，人生應該算是過了一半了。我不確定，也不知道，如果把我的灰歷史大剌剌的放在書店販售，全部攤在陽光下，會是什麼樣子？

我很期待，卻也難免有些猶豫。究竟，回憶錄這種東西，是否能算是一種眞實的面對自己？甚至，是否也能算是一種對自我內心的救贖呢？

十年的精采歲月，澈底顚覆了我的價值觀、感情觀，甚至人與人之間的交際觀。同時也讓我知道，在這個世界，只要肯認眞學習向上，憑藉著自己的努力，也能過上夢想中的好生活。

在條通，我學到一個終身受益的態度就是，做什麼要像什麼，你才能夠要什麼就有什麼。也就是大家時常聽到卻又很難做到的：敬業與樂業。不肯付出的人，到最後絕對不可能是贏家。

至於男女感情，我是淡定的，在條通，我學到了凡事都不要強求，因爲，老天爺自會給你最好的安排。

我相信，面對任何事情，只要永遠抱著一顆感恩的心、知足的心，無論是在家庭還是職場，日子，總會越過越好的。

最後，很感謝也很祝福有緣能讀到這本書的朋友，希望大家在自己的生活中，都能擁有智慧去面對眼前的一切大小困境，並且踏穩腳步，繼續向前邁進。

# 目錄 Contents

# 01 序幕

二十五歲那年冬天，好奇心加上一心想賺錢，讓我一腳踏進了條通這個神祕世界。當時的我耳聞過太多傳言，所以不考慮臺式酒店，決定到條通最高級也最嚴格（當然也是消費最高、薪水也最高）的「姫グループ」（姫 Group）體系工作。

面試那天，門一打開的當下我就傻了！因爲大門打開後，裡面竟然還有一層霧面玻璃門，而這道門只能從店內往外開，站在門外的人是無法打開的。（後來才知道條通的高級店家都是這樣的，只接熟識的客人，也就是所謂的「會員制」）看著打不開的門我愣在原地，幸好等了幾秒，當時的媽媽桑就來開門了。

那道厚重的門後，映入眼簾的只有兩個字：高級。

面試的地方是姬的總店，店裡超級明亮，沒有卡拉ＯＫ，沒有鋼琴，只有一個長型吧檯和兩張大理石桌子。沙發是高級絨布沙發，就連牆面也全都是麂皮的。當時因為時間還早（晚上八點半對條通來說算是早的了），裡面只有兩位客人，小姐大約有三位，每位都操著流利的日文，輕聲細語又笑容甜美的跟客人聊著天，這副景象就是我對這裡最初的印象。

「姬Group」在條通總共有八家店，每一間都各有一個媽媽，但都不是老闆。真正的老闆我們稱為大媽媽（大ママ，畢竟老闆最大嘛），大概六十歲，面試的就是她，她看了我一眼後，直接叫我明天報到。

於是，從此展開了我接下來十年的條通生活，也是我人生最像一場夢、最精采絢爛的十年！

# 02 敦子的誕生

姬Group的八家店裡有三種營業型態。第一種是單純聊天的店，這種店其實蠻累的，因爲要一直想話題跟客人聊天，而且是用日文！重點是還得看臉色找話題，總店就是這種型態。

另外一種就是Piano bar，這種跟一般想像的一樣，有琴師彈琴幫客人伴奏。基本上琴師會跟著客人的調子節奏來演奏，讓客人唱得輕鬆，對歌藝很有加分的作用。客人獨唱時，小姐可以不用一直聊天，小小休息一下，但記得一定要誠懇的拍手，加上認眞又眞誠的稱讚客人「お上手ですね」即可！至於小費給不給並沒有硬性規定，但來到這裡的客人基本上沒人會不給的。

最後一種就是大家熟悉的卡拉OK了，我被分配到的店就屬於這種。

上班第一天我先到總店報到，總店的會計帶著我穿梭在條通裡，過了馬路，走進巷子。不久，她到了一家門口極爲低調，啥都沒有，只有一個小小黑色招牌，黑底白字寫著兩個漢字店名的店。打開門一踏進玄關，就聽見裡面的人齊聲喊著いらっしゃいませ！我跟會計乖乖站在霧面玻璃門前，等著裡面的人來開門。不出兩三秒，有個大約三十五六歲的女人，笑容可掬，露出一口潔白的牙齒，推開了門。她，就是帶我的入門媽媽，她叫眞希（マキ），我們都直接稱她媽媽（ママ）！

說到這裡，我的腦海裡馬上浮現她那熟悉的笑臉，請容許我岔開話題一下。我想告訴她，儘管我的條通生涯裡後來又換過兩三個媽媽，但在我心裡，最感念的永遠是她。

進門後，媽媽帶我走進更衣室，小小的空間裡掛滿了各種不同花色的旗袍。這些旗袍都是小姐的私人物品，媽媽吩咐小媽媽（チーママ）拿她的旗袍借我穿，瞬間我就知道爲什麼我被分配到這間店了。因爲這家店的小姐一個比一個高，一個比一個腿長！我一六九的身高，在這裡是倒數第二！換好衣服，我被旗袍的兩側高衩嚇得不敢走出更衣室的門，那個衩，高到我的底褲都被看見了……

好不容易才蹩手蹩腳又扭扭揑揑的跟著小媽媽走進長型吧檯裡，面對著坐在吧檯的媽媽和客人。

媽媽問我：「妳會日文嗎？」

我說：「嗯，應該算會吧！基本會話應該都沒問題，我在學校讀的就是日文。」

媽媽又問：「妳有日文名字嗎？」

我說：「沒有。」（心想，誰沒事會自備日文名字啊？我也沒想到那麼快就面試成功直接上班了啊。）

於是，媽媽直接看著她身邊的客人，問道：「××桑～這是我們家的新人，還沒有名字，你有什麼建議嗎？你覺得她適合什麼名字？」

××桑想了兩秒，爽氣的說：「就叫敦子あつこ吧！」

媽媽問：「爲什麼你幫她取名叫敦子呢？」

××桑說：「因爲她長得有點像我老婆年輕的時候。」

哇咧……誰跟你老婆像啊？

總之，從此以後我的名字就叫敦子あつこ（中文發音類似阿紫口，媽媽和熟客暱稱我阿獎），反正也就只是個藝名。誰知道，最後這個莫名其妙來的名字，居然跟著我一輩子。

# 03 第一天的新米しんまい（菜鳥）

老天爺並沒有給我時間讓我慢慢觀摩，也沒有給我時間讓我和同事、媽媽互相自我介紹，甚至連薪水都還沒問，而且我跟敦子這個名字都還完全不熟的情況下……

突然，店裡兩側的訊號燈亮起來了！（此燈亮起就代表霧面玻璃門後的玄關有人踏進來了。）

當時大約九點半，進來了一桌上市公司老闆招待日本高層的出差客。而我因爲是新人（大家都愛新貨，最新鮮也最傻），被安排在首次來店裡的主客身邊。爲什麼說他是主客呢？因爲他坐在主沙發正中間的位置。

這個人西裝筆挺，長相斯文，滿臉冷漠，幾乎不太說話，說白了就是一張撲克臉。他安分的坐在那裡，慢條斯理的喝著自己的酒，看起來應該不是個難對付的客人。

媽媽和前輩們都熱絡的招呼著上市公司老闆林桑，畢竟他是付錢的人。一個按摩他的手、一個按著他的肩，另一個像《華燈初上》劇裡阿季那樣角色的稍年長小姐就在旁邊，倒著酒水遞毛巾，順便陪笑，而媽媽則一直跟這位熟客話家常。這時我才發現，這位長得像肯德基爺爺的上市公司老闆不喝酒。沒錯，他不喝酒！

我在心裡納悶著，爲何進來酒店卻不喝酒？後來才知道，每個客人來這裡的目的都不一樣，像林桑就是帶出差客來放鬆的，純粹爲了公事。他跟我們大媽媽（老闆）也很熟，是八家店的老常客，永遠只喝茶，但卻開著一瓶一萬塊的百齡譚十七年。從他跟媽媽的談話裡可以感覺到他很注重養生，聽說若非接待日本高層他是不太會來我們家喝的，因爲他是另一家店裡媽媽的前男友。

我呢？此時就跟個愣頭愣腦的二百五似的，呆坐在大約四十五到五十歲左右的主客旁邊。他的手一直放在自己的大腿上，斯文的端坐著，我對他的背景根本不了解，還好我也不算害羞內向怕生的人，於是鼓起勇氣問他：「××桑~你常來臺灣嗎？」

他說：「這是我第二次來臺灣。」我正在想第二句該問什麼的時候，他竟然先開口了！聲量不大的在我旁邊對我說：「かわいいですね。」（好可愛。日本人最愛說這句哄女孩了。）

突然被稱讚，我呵呵的尷尬笑了一下，順口回句謝謝。正當我覺得他人還不錯，沒啥攻擊性的時候，他又開口了……

「如果，我把我的手，伸進妳的裙子裡，妳會有什麼感覺？」

……我還能有什麼感覺？TMD你這個冷面死變態！

當然，我不能這樣回他，畢竟這裡是酒店啊，在這裡，你能說他性騷擾嗎？當然不行！於是回答他：「我不知道欸……」（然後眼神飄向前輩和媽媽，發出求救信號。）

媽媽果然是媽媽，一秒就用眼神對小媽媽發出救援命令！一瞬間，小媽媽非常技巧的跟我換了位置，把我移到離客人最遠的外圍！

我猜，媽媽是想給我機會旁觀學習，但又為了保護，所以把我放到外圍。但說實在的，我被死變態嚇得不輕，腦海一片空白，害怕著不知道會再發生什麼事，還好林桑這桌坐到十一點出頭就離開了。

跟著媽媽和前輩們一路恭送客人到大門口，再鞠躬目送他們到巷口離開後，就是大家的休息時間了！

我們沒有《華燈初上》劇裡那麼大間，還有化妝檯跟椅子的休息室，唯一能閃去喝喝水、抽抽菸的地方就是廚房。廚房小小的，但非常乾淨。裡面只有一個冰箱和流理檯（會計就是在這裡洗切水果的）。櫥櫃上放了許多國外的名牌高級餐盤和全是日文字標示的維他命C和薑黃錠。

今天因爲客人不算多，所以前輩們雖然臉都紅紅的，卻看得出都沒喝醉，唯一印象深刻的是她們卸下笑容後的臉，看得出有些許疲憊。我是新人，還不懂她們的消酒壓力，喝了幾口水就走去沙發，在媽媽隔壁坐下休息了！

媽媽問我：「妳還好嗎？」

我回：「嗯……還可以。」

媽媽說：「好！敦子，從今天開始，我就叫妳あっちゃん（這個稱呼通常是上對下，或平輩好友之間使用。）接下來我想跟妳聊聊薪水，還有需要妳配合學習的規矩……」

其實在條通，很多小姐上沒兩天班就因爲各種害怕辭職了！所以媽媽們之間都說：「上得了三天，就能上一個月，上得了一個月，就能撐過一年，撐得過一年就至少會上三年。」現在回想起來，說得還眞準！至於薪水和規矩，讓我留在後面慢慢跟大家聊。

是說，第一桌客人就碰到這種冷面殺手級的變態，還近距離坐在我的身旁，眞是非常震撼當年才二十五歲的我，眞是嚇死了。還好我的十年條通歲月裡，這種面無表情的變態也就只碰到這麼唯一的一個。

# 04 情報八卦站

店裡的營業時間是晚上八點到凌晨兩點，媽媽規定我們七點半就要到店裡。第二天上班，我一分鐘都不敢遲到（我本來就是個不愛遲到的人），七點二十打開店的大門，正擔心自己會不會太早到的時候，一看傻了，前輩們不但全到齊了，還連衣服髮妝都弄好了！

小媽媽向我走過來，告訴我盤髮是我們姬 Group 八家店獨有的特色，所以每天上班前都要先去盤髮。她帶著我走到對面巷子，進去一間幾乎沒有招牌的一樓家庭美髮，交代了一下，就先行離開了。我看了看這間很有年代感的小店，店裡有點雜亂，八卦雜誌、書報堆得到處都是，大約有六七張傳統理髮椅。

仔細一看才發現，這個 Group 也太強了吧！居然有這麼一家幾乎專門在幫

Group小姐盤頭髮的店，這也太扯了吧！

一顆頭一百（只盤，不洗，請自己洗好再來盤），這位幫我們盤髮的家庭美髮店老闆娘大概六十幾歲，我們都叫她×媽媽（因爲她眞的就是Group某會計的媽媽）。

店裡員工只有她一個人，我不好意思一直盯著她看，只好三不五時偷偷不動聲色的觀察她。她像極了傳統日本老女人，眼睛很大、雙眼皮，臉上有些皺紋，皮膚也有些鬆垮，感覺粉底在她臉上都吃不太進去了，但她還是隨時保持著完整的妝容。她很有傳統日本女性的溫柔，話不多，聲音也小小的，但我想不透的是，明明年紀就很大了，卻還有著一顆黑溜溜娃娃頭的髮型（這歲數了，頭髮不是都該灰白了嗎？）臉上總是帶著粉底偏白的底妝，嘴上也總是塗著大紅色的口紅。

這些看在當時初來乍到的我的眼裡，還眞覺得很妙。（不過現在回想起來，卻反而覺得蠻好的，畢竟，把自己打理好，是女人一輩子都應該有的態度！至於什麼叫打理好？我想，自己舒服、自己喜歡、自己覺得美，這就是好。）

後來我才知道，這裡也是Group的情報八卦站！因爲八家店的所有小姐，上班前都會陸續來到這裡排隊等候盤髮，運氣好的時候，一來就輪到妳，運氣不好的時候，前面可能要等個七八個。所以常會看見Group的小姐探頭進來問：×媽媽～現在要等幾個？（沒有號碼牌可抽，但不用擔心，老闆娘記性很好，輪到妳的時候，她自然會來叫妳。）

人多時，妳可以先去附近吃飯或坐在旁邊讀讀日文或叩叩客。總之，大家都很會利用時間做點啥。媽媽們幾乎不會出現在這裡，因爲她們收入比較高，所以都是去一般妳我所知的美髮沙龍店弄頭髮，這裡只有Group小姐會來（畢竟才一百）。所以，每當有年輕新面孔出現在這裡時，大家就知道某家分店又有新人出現了！

自古以來都說隔牆有耳，女人的世界裡更是沒有例外。當小姐們盤頭髮的時候，其實也同時豎起耳朵聽聽空氣裡有什麼八卦，很多客人在八家分店裡都會走動。所以當我們聽到有人手機響了，就會集中耳力繼續聽，聽什麼呢？當然是聽甜美的もしもし（喂～）之後，會不會出現什麼熟悉的名字啊！當然，也只有笨蛋才會在甜美的もしもし之後直接喊出電話那頭客人的名字。要嘛這個人是大咖，妳只是想顯擺惹人妒，又或者妳有信心他根本已經非妳莫屬，打死也搶不走！否則我建議，不要直接喊出客人的名字，對妳沒啥好處，對他也不見得好。有句話不是說防火、防盜、防閨密嗎？女人的世界裡絕對適用！

再來，有些客人特別喜歡遊走在八間店之間，跟好幾個不同店的小姐同時搞曖昧，以爲自己是風流情聖。但其實這種人最白癡，搞得成功的沒看過幾個，把自己搞到臭的我倒是看了很多。那個年代還沒有渣男這個詞，但這種行徑到哪個年代都是渣，Group其實就是一個小圈圈，沒有什麼事能永遠是祕密。壞事做多了，總有一天會曝光，等到他到處搞曖昧的事情曝光後，我們只會說那個××桑眞的很爛欸，然後一起鄙視他！他的名字也將流傳在Group，成爲大家茶餘飯後的笑話。想當然，在Group裡他再也別想把到妹了。

「較勁」這兩個字在我們這個行業裡，是每天，每分，每秒，都在發生的！所以在美容院不難看到電話一響，小姐就摀著嘴，神神祕祕往門口衝的景象。這些看在當年還很菜的我眼裡，眞的是好笑又好玩！

# 05 薪資、規矩和旗袍

盤完頭髮的我，趕緊加快腳步走回店裡。因爲時間還早，店裡沒有客人，我換好借來的旗袍，走出了更衣室，終於可以仔細看一下我要工作的地方了。

店裡的牆壁跟沙發都是深墨綠色的，所有包邊收邊的地方都是亮面金銅。（沒錯，就是銅器那個銅。）吧檯、桌面都是燕麥色大理石，桌上沒有任何一件雜物，只放了一個菸灰缸和打火機。也沒有什麼水晶燈之類的豪華燈飾，只有簡單的，類似高級專櫃那樣的嵌燈。這樣簡潔俐落的裝潢與配色，一點也不俗氣，多美。

在那個林森北路裡全是紅啊紫啊花不啦嘰的年代裡，我們家店門口是全素黑色的，什麼花色都沒有，就連「會員制」這三個字都沒有（後來我問媽媽才知道，原來門口會寫會員制的，大部分都不是眞的會員制。）我們 Group 是神祕又低調的，會來的、進得了我們的門的，都是那些固定的熟客大老闆們。沒有他們帶就是進不來，就算你找上門了，媽媽也不會放你進來。

眞的就是這樣，一點不誇張。雖說人是沒有分貴賤的，但現實社會中確實還是有分階級啊，尤其是日本人。很多日本大商社的主管剛到臺灣，都會先來拜訪我們Group，然後一家一家去開個酒、認識一下媽媽們。（這也算是一種拜碼頭吧！）當時全臺灣最高階的日本商人，只要人在臺北，不是在家就是聚集在這八家店裡喝酒。（現在回想起來，還眞的是挺佩服的。畢竟要建構一個這樣強大又流傳久遠的不敗王國，眞的是非常不容易！）

印象中，媽媽總是在店裡放著小野麗莎的音樂，音量很輕、很柔、很舒服。一條長長的吧檯，大概有五個座位。吧檯裡面則是壁掛著一臺很大、很薄、很顯眼的長方形電視。但奇怪的是，螢幕是沒有畫面的。（一般唱卡拉OK的地方不是會有公播帶嗎？就是那種會有一個像是吃錯藥的女人，兩手高舉著絲巾在沙灘上，明明沒人在後面追她，她卻面帶笑容一直跑一直跑，然後絲巾會隨風一直飄一直飄的那種……）

抱歉，別土了，這裡沒有那種東西！沒人點歌的時候，電視是沒有任何畫面的。在那個年代，大部分的人家裡都還是映像管電視，平面電視也才剛出來沒多久，我根本沒親眼看過眼前這種東西，怎麼能不多看它個兩眼呢？心裡不禁讚嘆著，實在是好特別的電視啊！媽媽應該是發現了我的好奇，輕描淡寫的說：「這是日本原裝進口的電漿電視，一臺要價二三十萬。」天啊！我趕緊收回眼神，也趕快把土包子樣收起來，故作鎮定的裝作若無其事。

轉頭看看，前輩們坐在沙發上小聲聊著天，媽媽原本坐在吧檯的會計面前，好像是在看營業額之類的，突然放下手邊的計算機和帳本，示意我在她身邊坐下，問我：「阿獎，妳有上過類似這樣聲色場所的班嗎？」我說：「沒有。」

媽媽接著說：「妳好像會一些日文，那我一開始底薪給妳四萬，如果妳的日文程度能通過日檢三級，就每個月再加一千。如果能通過二級，就每個月再加兩千。以此類推，全勤獎金是三千，其他也還有一些工作獎金，是要讓妳們自己去爭取的，這樣好嗎？做得習慣的話，我還會幫妳調薪，妳可以去參考前輩們的薪水。妳們的薪資單都在會計那裡，大家都互相看得見的，有興趣可以參考一下。」

我一聽當然好啊，雖然不知道外面的店家薪水是怎麼給的，但這樣的薪水，對二十五歲的我來說，怎麼會不好？

接著，我鼓起勇氣小聲問媽媽：「媽媽，妳們這裡有出場嗎？我雖然不會喝酒，但我會努力學著喝，唯一條件就是我不出場也不脫喔。」

媽媽睜大眼睛看著我，說：「出場？妳想跟誰出場啊？妳放心！這裡沒有人會帶妳出場，眞的要出場，也只有我會帶妳出場，因爲我們不是出場店。出場店大部分都在五六條那裡，在我這兒，妳只要好好服務客人，好好學習，把我交代的事情做好就可以了。至於喝酒，盡力就好。」

然後媽媽帶著我坐回去後面的沙發，鬆了一口氣的我，舒服的把背靠在沙發上，還秀氣的蹺著腳。媽媽看著我，又開口了：「阿獎，現在沒有客人，妳這樣子坐沒關係。但是客人在的時候，椅子只能坐前緣，背一定要挺直，不能駝背更不能蹺腳。這不只是爲了美姿美儀或爲了好看，也是爲了妳身體好，妳以後老了說不定還會感謝我呢！」

當時的我當然半信半疑（現在信了）也不想乖乖坐好，但爲了上班，也只能認命遵守了。

媽媽又說：「阿獎，客人的酒杯要擦，酒快沒了也要添加。這些細節，我請小媽媽教妳。」

於是，小媽媽和其他三位前輩一起坐過來這桌，開始教我一些桌面的注意事項，我這才發現，她們都好高啊！前輩們主動跟我聊天，我也順便好奇的問了一下她們的身高，才知道小媽媽一七三，另外兩位各是一七五和一七二（我一六九，還一直以爲自己已經夠高了），唯一比我矮的就是媽媽和我們店裡的阿季了，媽媽一六四，阿季差不多一六二吧……總之，我們都很高，再加上搭配旗袍的高跟鞋，也難怪後來時常聽到客人說，我們幾個就像日本的寶塚。

後來媽媽又吩咐小媽媽，盡快找一天空閒的下午帶我去永樂市場挑布，並且聯絡 Group 御用的手工師傅過來店裡幫我量身訂製旗袍。我原本還天眞的以爲這個部分是店裡幫我出錢，結果我又想太多了。問了媽媽，媽媽說不含布，光是手工費，一件旗袍就是三千六。我又問了一下布的大約價位，小媽媽說，布的價位有高有低，但最好還是挑有質感一點的布，看起來好看，自己穿起來也舒服。說的也是！這麼高級的店，總不能穿著一塊三百塊的窗簾布就來上班吧。好吧，我認了，我做！只是媽呀，眞的好貴！看來，不出點血，這份工作我是做不了了……

# 06 當番（とうばん）

其實店裡的前輩們都大我沒幾歲，只有阿季年紀比較大。（我必須強調，我們的阿季人還不錯，跟電視裡的阿季完全不一樣，我會在這裡叫她阿季，只是因爲她的年紀在當時的店裡是最大的而已。）阿季大概跟媽媽年紀差不多，都是三十五六歲，可能也是因爲大家年紀相仿，所以沒特別去記誰幾歲誰幾歲，聊起天來也沒什麼隔閡與代溝。

在一家店裡，媽媽是最大的，所以通常媽媽都比我們晚到，在媽媽還沒到的這段時間，我們把一切準備就緒後，在店裡各自想幹嘛就幹嘛去，今天小媽媽就趁這個空檔跟我提到了「當番」這件事。

所謂當番，其實也就是値日生，値班的意思。我們店裡除了媽媽不算，加上我這個剛報到的菜鳥和小媽媽，一共有五位小姐。小媽媽說，除了週日店休之外的日子，大家是要每天輪流當番的。這樣算下來，扣除四天店休，每個人一個月大約會輪到個五次。

值日生要做什麼呢？其實也就是稍微早一點來店裡，把空調、吸頂式空氣清淨機打開，然後倒倒除濕機的水（店裡完全沒有窗戶，所以每天下班都要認眞除濕。）再把電視、卡拉ＯＫ的主機打開，把麥克風的充電電池塞進去，順便測試一下……總之，都是一些簡單的瑣事！

這些我一下就記住了（甩髮），畢竟那時的我才二十五歲嘛，簡單！但接著，小媽媽居然又從衣帽間拿出一支大概二三十公分的木柄毛刷，我心想，這到底是要幹什麼啊？

小媽媽說：「阿獎，牆壁是麂皮的，只要有人摸過就會逆毛。沙發也一樣，只要有人坐過就會逆毛。逆毛就像留下印子一樣，很不好看，所以要麻煩妳當番的時候，記得把牆壁跟沙發順向刷一下。」

有病啊！逆毛就逆毛啊，誰會去看這個啦？牆壁也就算了，沙發是給人坐的，逆毛就逆毛啊，刷什麼刷啦？眞心覺得有夠無聊！雖然覺得她們有病，但既然是店內規定，好吧，那就刷吧！還好我本來就不是一個毛很多的人，所以，通常上司叫我做什麼，我頂多心裡OS個幾句，也都願意配合。現在想想，這個Group之所以會成功，應該也就是因爲她們注意到所有細節，並且堅持做到位吧！

小媽媽又繼續說了：「我們既然是酒店，客人開的酒就會是我們店家的主要收入，也就是所謂的團體業績。最便宜的酒是起瓦士十二年，一瓶八千。（我後來聽說，這瓶酒當年在超商好像也才賣五百多塊。）人頭費是一位一千五。（一個人就是一千五百元，不能抵消費，當然更沒有外頭的店那種什麼開二送一或開一送一之類的優惠。）百齡譚十七年開一支一萬，也是我們店裡最多人會開的酒。（畢竟在這種頂級的店裡，既然都要進來喝酒了，大部分的人是不會開起瓦士的啦，多付個兩千，面子也好看一點嘛！）」

雖說酒的價位高低可以自由選擇，但酒瓶都是放在桌上的，大家都看得到。想開最低階最便宜的嗎？男人嘛，面子總是有那麼點掛不住！

小媽媽繼續說：「客人每開一瓶酒，當天的值日生就能抽五百。舉例來說，如果生意很好，整晚客人總共開了十瓶的話，妳當天就可以抽五千，月結。如果剛好當天生意不好，那也沒辦法。當番是大家輪流的，所以沒什麼公平不公平的。」

這點我認同，既然是輪流，也就代表有點運氣的成分在裡面，所以我能接受這個公平的遊戲規則。而且我是菜鳥，當然鬼都不認識一個。但前輩們就不一樣了，她們多少都會有自己的粉絲，不管出差客還是駐臺客，總會有幾個。而且店裡的熟客她們也都認識，要約客人來店消費自然是比我有機會，至少會有自己的口袋名單。我就不同了，我手上一個客人都沒有，所以我根本沒認真去想當番抽酒錢這件事，加上我也不會喝酒（當時我的酒量大概是兩三口啤酒就會醉的程度），所以這件事我真的是聽聽就拋到腦後了。畢竟客人來不來、哪天來、開不開酒、開幾瓶酒，這些都不是菜鳥的我能控制的，一切就順其自然吧！

小媽媽也要求我學一些日本歌。她給了我一些歌名，我連聽都沒聽過，還要我學男女對唱，這樣才能陪客人唱歌。也對！我們店算是卡拉ＯＫ店，想必要上陣唱歌的機會也挺多的（還好我唱歌算不難聽）。

其實，我以前學生時期也曾經學過一兩首日文歌。一首是世界級名曲〈時の流れに身を任せ〉，也就是鄧麗君的〈我只在乎你〉。我心想，這首歌在這裡應該能派上點用場。說眞的，她實在是老一派的超~級~臺灣之光，沒有一個日本人不知道她的名字，而且她的那些經典老歌，幾乎每個有點年紀的客人都會唱，也都愛聽，實在太了不起了！

另外一首，在這個大人的世界裡就比較冷門了。是中山美穗的〈世界中の誰よりきっと〉，中山美穗在我的學生時代也是很紅的女神，中文版後來是由高明駿和王馨平翻唱的〈今生注定〉，在臺灣也紅了好一段時間。

總之，這兩首就是我唯二熟悉的日文歌曲，畢竟學生時期的我，也算是小哈日一族。正當我努力回想自己還會唱什麼日本歌的時侯，小媽媽點的歌出來了！小媽媽說她喜歡這首歌是因爲這首歌裡有一個她特別喜歡的字……雖然我不懂她意指什麼，但我聽了聽，還眞好聽！主唱者是那個年代的日本男神福山雅治（好帥呀！）現在，光是想起這首歌的前奏，當時的畫面、回憶、氣氛、全都歷歷在目浮了出來。

# 07 同伴（どうはん）

九點一到，訊號燈突然亮起，原本坐在沙發上的小媽媽跟前輩們，很有默契又訓練有素，異口同聲用正常聲量喊著いらっしゃいませ，往門口快速走去。

媽媽帶著一位年約五十多歲的男客人一起走進了門，這個客人頭髮微微灰白，穿著顏色很淺的水藍色長袖襯衫和西裝褲，袖口隨興的微微捲起，一看就覺得他脾氣很好，很溫柔，因爲他從一進門，臉上就始終保持著淺淺的禮貌性微笑。

媽媽安排他在吧檯坐下就離開去打點自己了，小媽媽則帶著我走進吧檯，站在客人對面。阿季是今天的值日生，趕緊加快腳步遞上預熱好的擦手毛巾，另外兩位前輩，一位拿出早就預備好放在一旁，寫著這位客人名字的存酒，然後手腳俐落的把酒杯、冰桶、擦杯小毛巾……等等迅速就位。另一位則在客人身後，詢問他外套要不要掛起來，而會計也在他進門後快速到廚房切了水果並準備一碟米菓送上桌。總之，大家分工合作，一轉眼就把客人安置得妥妥當當。

這一切看在我的眼裡，真是佩服到想起立鼓掌。怎麼能夠那麼有默契又熟練的在短短一兩分鐘內就做完這些準備動作？動作非常流暢，完全沒有一絲多餘的停頓，真的好厲害呀！

這位客人看起來跟大家都很熟，不是那種一見面就嘰哩呱啦的熟，而是那種自然到就像回家一樣，空氣中彷彿在說：「哦！你來了啊？」的熟悉。

小媽媽跟他簡單寒暄著，問他剛才跟媽媽去哪家餐廳？好吃嗎？客人回答：「附近吃，還不錯。」接著我就聽到小媽媽跟他說：「中野桑～這是我們的新人阿獎。」

於是中野桑微笑看著我，拿起酒杯示意我跟他小小敲杯，說：「初次見面，我是中野，請多多指教。」

而我，也禮貌的將酒杯拿起，與他的酒杯輕輕碰了一下，開口回他：「初次見面，你好，我是敦子，從今以後，請多多指教。」心想：「這個客人還眞是不錯，讓人感覺好舒服，完全沒壓力。」讓我稍稍放鬆了緊張感。

媽媽準備就緒，整理好儀容後，也走到中野桑身旁坐下，阿季馬上恭敬的遞上媽媽的酒杯。（媽媽的杯子和我們的不一樣，是素面的水晶杯，很有質感，我們稱它爲媽媽杯。）

媽媽沒多說什麼話，先跟中野桑輕輕碰杯一下，就對著我說：「阿奬，以後妳也要學著像我今天一樣，試著約客人一起去吃飯，這叫做『同伴』。」

我當然不懂所謂的「同伴」是什麼意思，媽媽解釋，就是想辦法約客人吃飯，然後再順勢把他們帶進來店裡消費的意思。

我問媽媽：「那如果客人吃完了飯，不肯跟我進來消費怎麼辦？」媽媽噗哧笑了出來，說：「妳要約客人吃飯的時候，就直接跟他說到『同伴』這兩個字，人家就懂了。」

媽媽繼續說：「帶客人同伴的話，妳可以九點再進店裡就好，而且當天客人的帳單上會多一條同伴費一千塊，這個一千就是妳的！」（若硬要問我日式酒店裡有沒有指名費的話，我想這個應該就可以算是Group裡面的指名費了。）

客人會付錢請吃飯？還會跟我進店裡消費（畢竟消費很貴）？然後最後買單的時候還要多付一千塊給我？怎麼有那麼好的事啊！

媽媽接著又說：「我們店裡規定，每個小姐一個月至少要能做到四次同伴。希望妳加油，這個月剛進來，不急，下個月開始就好，妳慢慢來。」

後來我才知道，原來不論日本還是臺灣，日式酒店裡「同伴」一直都是個不成文的規定，只要是日本人幾乎都會知道，小姐找你一起吃飯，飯後就一定要進來店裡消費捧場，這就是日式酒店男客的江湖規矩。

媽媽沒說太多，三兩句簡單扼要的跟我說明帶過之後，就交代小媽媽要找時間教我一下約客人吃飯的技巧，和跟客人吃飯時的注意事項。但其實此時的我根本沒仔細在聽，我的注意力都在中野桑身上……

我偷偷把眼神移過去看了一下中野桑，他怎麼就像我爸在家的時候一樣，媽媽在跟我們講話或交代事情的時候，他居然像在自己家裡那般自在的坐在旁邊，看他自己帶來的報紙！是的，他是眞的在看報紙！怎麼會這樣？這裡是酒店欸！看報紙爲何要來這裡看？回家看不是更自在嗎？怎麼會有人來酒店看報紙？這眞的令我百思不得其解。

媽媽見他在看報紙，就一直跟我們用中文在聊天，然後三不五時轉頭回去問中野桑：「對不對？」

中野桑即便在看報紙，也會馬上把頭抬起來附和著說：「對。」屢試不爽！這看在我眼裡也覺得很奇妙，媽媽明明說中野桑的中文程度不太好的啊，那爲何媽媽問他什麼，他都用中文回答「對」？可是我明明就看得出來，他根本不知道我們用中文在聊什麼啊……

媽媽看出了我的納悶，緩緩的說：「阿獎，男人就是這樣。愛妳的時候，妳說什麼都是對的，即便他根本聽不懂。不愛妳的時候，就什麼都不對了，以後妳就會知道了。」

沒錯！這點我後來在條通眞的有很深刻的體悟，其實女人又何嘗不是呢？

從此以後，我自己偷偷在心裡給像中野先生這種人取了一個綽號叫「嗨嗨（は

いはい）桑」，因爲他們在喜歡的女人面前永遠都是はい～

至於，每個媽媽都有一個嗨嗨桑嗎？當然！據我所見，至少要有一個，有兩三個的也不是沒有。如果連這種魅力和手腕都沒有的話，怎麼當媽媽？

# 08 媽媽桑跟你我想的不一樣

到店裡上班了幾天後，我才發現媽媽上班都沒有穿旗袍，問了前輩才知道，原來我們 Group 裡的媽媽們是不用穿旗袍上班的。開大高衩的旗袍，只會出現在小姐的身上。

一般人提到「媽媽桑」這三個字，腦海裡大概會有很多想像畫面。但說真的，我們家的媽媽其實一點風塵味都沒有。

嚴格說起來，我們家媽媽不是那種一般人會覺得很美的女人，譬如說有著漂亮的瓜子臉，或著有著一雙會勾人的水汪汪、雙眼皮大眼睛，櫻桃小口……沒有，這些她都沒有。而且她還是 Group 所有媽媽裡，話最少、最酷，也最不會撒嬌的一位！

我當時對她的印象，就是她那一口潔白的漂亮牙齒，以及每次迎接客人進門時的親切笑容（神韻有點像藝人巴鈺）。

濃妝豔抹一直不是我們Group的風格，如果化了太濃的妝在路上被大媽媽碰到，肯定會被唸一頓，她會說妳太風塵、太俗豔。所以，要在Group上班就請樸素一點。（條通的小姐或媽媽桑們爲了上班方便，很多都會選擇住在附近。日常生活活動也都在附近，所以即使白天在附近走動，碰到認識的小姐或媽媽也是常有的事。）

舉例來說，妝要淡，指甲油最好不要擦，如果眞要擦，頂多只有透明或是豆沙、裸粉色這種淡色的才不會被唸。然後指甲盡量不要留太長，耳環也請盡量選擇小巧秀氣一點，最好是貼耳的那種，簡單又俐落！在我們家，那種看起來很假，像兩把扇子一樣的假睫毛也請不要貼（我曾經看過某間店的小姐喝醉，右眼的睫毛要掉不掉掛在臉上，那畫面很是嚇人，客人也快笑死。）甚至太濃豔的香水也請盡量避免。無論是媽媽還是小姐，規定就是規定，大家都一樣，必須配合。

雖說規定，但其實並沒有明文公告出來，只是多年下來，整個Group的風格自然而然就被帶往大媽媽喜歡的這種裝扮方向走。在那個圈圈裡，只要被大媽媽稱讚一句，任何人都可以開心個一整天。在Group的人們，都以能被大媽媽肯定、欣賞爲終極目標。所以我們媽媽的臉上永遠是很淡很淡的妝，至於口紅，也幾乎都是淡淡的粉色。

我最喜歡看媽媽每天身上穿的洋裝，一件比一件獨特又有氣質（至少二十五歲的我從沒看過身邊的人有這樣超級日本淑女的打扮），完全不是一般電視劇裡演的酒店媽媽桑，總是穿著那種又是蕾絲又是半透明，或者低胸，花不拉嘰的樣子。

媽媽的洋裝都很有質感，畢竟我們是日式酒店，受到日本美學影響也是一定的，後來才曉得那個牌子是 M's Gracy，在日本都是名媛在買的，進口到臺灣每套都要個臺幣三四萬。女人總要有點首飾，在空落落的脖子上，媽媽都會搭配一串 MIKIMOTO 的串珠項鍊（後來我也發現這牌子的串珠項鍊是媽媽們的必備行頭），再配上簡單的珍珠耳環，這樣搭配起來還眞是美啊（珍珠是女人的好朋友）……

問題是，首飾配件先撇開不說，一般人一個月得要賺多少月薪，才能夠輕輕鬆鬆買得起這種價位的衣服啊？

接著，再低頭看看我們媽媽每天搭配衣服的鞋子，無論淺色還是深色、無論低跟平底鞋還是高跟鞋，每一雙，都是上萬的Ferragamo。（當時這個牌子的鞋是媽媽們的最愛。）

媽媽們的穿著打扮真的都很像那個年代偶爾會在新聞上出現的雅子妃那樣，若要說有哪裡不同，那就只差在她們沒有戴帽子，跟我們一樣都是包包頭而已。至於手上挽著的包包、戴在手上的手錶就更不用說了，全都是赫赫有名的大牌子。

我最愛看媽媽的這些衣服和行頭（很少女人不愛吧），就像小孩看到新奇又豪華的玩具，總是兩隻眼睛睜得大大，一眨一眨的，帶著想看又不好意思一直猛盯的複雜眼光在羨慕著媽媽，因為沒有一件是當時的我能擁有的。

每每看到我們聽到價格，顯露出吃驚的表情時，媽媽就會跟我們說：「衣服鞋子不要亂買，雖然目前妳們暫時還沒辦法買這樣的專櫃精品，但我還是希望妳們在可以的能力範圍內，與其買十件兩百塊粗糙又不耐穿的便宜貨，還不如好好投資一件有質感的衣服。要知道，一件材質跟版型都好的衣服，即便是素色的，也能讓人眼睛為之一亮！更何況，我們的客人也都是時常出入高級場所的日本高層主管，帶妳們出去吃飯也都不會選太差的餐廳，跟他們一起同伴出去吃飯，好好挑選適合當天場合的衣服，學著如何將自己打扮得得體，也是妳們應該好好學習的一門功課。」

是的，這就是我們的Group！在細節上總是全方位對所有人提出要求。什麼時間、什麼地點、跟誰出去、做什麼活動……都請拿出該有的樣子。做什麼就要像什麼，千萬不要小看這些細節，因爲細節裡都是魔鬼。在條通，應該也只有我們體系的店和大媽媽才能做到這種程度，也難怪會讓日本客人們這麼信任了。

不可否認，這種正確的態度至今依然影響我很深，它已經變成我腦袋裡根深蒂固的觀念，想拔也拔不掉！

# 09 插花是一種信仰

日本人對花的感受是很深的，所謂的「花道」是他們數百年的文化傳統。進入Group也一陣子的我，自然也無法閃躲，早就被通知要去上插花課了。

但當時的我心裡眞覺得這個Group怎麼那麼囉嗦啊，酒店就酒店，我只是來陪喝酒的，幹嘛又要盤頭又要插花？這些規定讓我必須提早出門，又會占用到私人休息時間，到底跟喝酒扯得上什麼關係啦？不過身爲小菜鳥，還是只能乖乖聽話。

這天，前輩和我下午就約在店裡集合了，前輩領著心裡根本很抗拒的我，一路穿過條通小巷，從店裡往中山北路路口的邱永漢大樓附近移動（當時這棟大樓很有名），邊走邊有一句沒一句的閒聊著（畢竟我們前一晚都有喝酒，還沒回過神）。不知不覺走到巷子裡一棟舊公寓前，我抬起頭看了看，是一棟非常普通的民宅，而且還眞的挺舊的……

正納悶著這裡面怎麼會有插花教室的時候，前輩開口了：「阿獎，趕快上去啦！」我趕緊跟著前輩走上了二樓，只見其中一戶大門是敞開著的，想必就是這裡了。沒錯，這裡就是Group的插花教室。

一進門，右手邊的地上全是一桶一桶的花材，一個種類放一桶，十幾二十種花材就這樣整齊並列著。我的正前方是兩張長條形大長桌，平行擺在屋子的正中央，桌子的兩側放椅子，隨便算一下大概也有十幾二十張椅子。

屋子的左側角落，有位頭髮花白穿著圍兜兜，年約六十幾歲的婦人，正在幫Group其他分店的前輩調整面前那盆花，她就是我們的插花家元教授（經過認證的小原流正式師資）。

日本的花派有好幾種，我不是專家，也從沒認眞鑽研過這些，但我知道我們的老師是屬於「小原流」的傳統花派，是日本三大流派之一。這個花派是最生活化，也最適合入門的花派。

老師就像從日本電視頻道裡走出來的傳統婦人，日文似乎很不錯，雖然穿得很隨興，身上有圍兜兜，手臂上還戴著袖套，但我能感受到她散發出的那種專業氣場。可能是每天沉浸在美麗的花花草草裡吧，她臉部的線條雖然早已經過歲月的洗禮，但還是能看得出氣質跟一般婦人不一樣。

我呆頭呆腦的杵在那裡，前輩趕忙去老師身邊打招呼，老師緩緩轉過身看向我，說：「哦，這就是妳們家的新人啊……」

原來，媽媽早就通報插花老師我們家最近有新人報到，並且請老師多多指教了。（插花老師在我們 Group 裡輩分很高，因爲她跟大媽媽年紀差不多，也認識很久的好朋友，所以大家都很尊敬她，就連媽媽們也不太敢跟她開玩笑。）Group 就是這樣，每個環節都聯繫得很好，冒冒失失的做事態度從來不是大媽媽的教育風格。

第一次新手上陣，老師讓我跟在她身後，親自帶我挑了一些花材，很簡單的在我面前先插了一盆。然後告訴站在身後的我說：「妳仔細看，記住每種花的位置，然後把花全部從劍山上拿下來再重插一次。插好了叫我，我再幫妳看一下。」

我哪會啊……花是收過啦，但插花，我還眞是第一次。甚至，這輩子連想都沒想過我有一天會來學插花。沒辦法，我也只能硬著頭皮照做了。努力記住老師插的樣子，然後全部拔下來，再重新插了一次。

插完後，排隊等老師過來檢查，老師不急不緩的看了一下，再左調整了一下、右也調整了一下，最後再把主花喬一喬。說也奇怪，明明就是同一套花材，經過老師隨手喬一下，整個意境就不一樣了。

終於，老師站起來了，跟我說：「好了，可以了，妳把花拔起來帶回店裡，然後就照我最後幫妳調整的這樣插吧！」（那個年代沒有智慧手機，無法隨時拍照記錄，我們是眞的憑印象硬記下來的，若當時手機跟現在一樣方便的話，我一定會把每次的成品都拍下來留念。）

耶～終於搞定了，老師剛才說的意思，就是我可以離開了。於是我鬆了一口氣，趕緊把花器和劍山收一收、花材包包好，就像逃離現場般趕緊下樓，簡單吃個晚餐，就進店裡插花了。

進店後，我把花憑腦海裡的印象插好，學老師那樣喬一喬，喬到一個自己覺得美的位置，再放到玄關的桌上。自己的作品不禁越看越可愛，心裡也同時沾沾自喜覺得自己很棒，我也要開始走氣質路線了。

後來回想，我才發現這也是大媽媽厲害的地方之一，她讓花在Group裡變成一種生活的態度，也一點一滴讓花進入到我們每個人的人生，影響了人生的各個層面，這些都是外面的酒店所做不到的。

在這樣的訓練下，店裡每個人都很會插花，跟我這個菜鳥比，她們插的難度更高，花型更多變、更美！

很難想像吧？在條通裡，有著這麼一群女人，晚上喝酒，白天卻很會插花或正在學著插花呢！

# 10 桃花來了

或許是玄關擺著一盆我第一次親手插的處女花，我的桃花，也已經開始蠢蠢欲動……

這晚，我們一如往常的把一切準備工作統統就緒後，我與前輩、媽媽，大家分坐在左右兩桌的沙發上。（我們家除了吧檯，就只有兩張桌子。）當時大概九點半不到，還算早，我們正在八卦聊著天。沙發後面的訊號燈卻突然亮起，我都還沒站起身，就能從沙發這裡聽到遠處的大門口傳來「哈哈哈哈」的大笑聲。

對，有客人上門了。大家快速站起，走向門口齊聲喊著：「いらっしゃいませ～」迎上前去。

此時，進來了兩個日本熟齡大叔（大概一個五十、一個超過五十五吧），他們兩個看起來就是感情很好，一搭一唱聊著，根本不管旁邊的我們，就自行熟悉的坐下了。前輩遞上擦手毛巾時，他們還是嘰哩呱啦自顧自的一直聊。媽媽看到他們倆進門，也感覺像看到好朋友那樣一直笑嘻嘻的。（不是每個客人來，媽媽都會笑得那麼自然，越熟當然就越自然。）

這兩個人一個叫小島，一個叫深田（當然都是化名），小島的中文很不錯，雖然他說中文的速度比臺灣人慢，但已經算說得不錯了！聽說，他以前似乎是在中國學的中文，所以發起音來有些捲舌北京腔。他比深田老一點，看起來五十六、五十七左右，而且他長得很不錯，是個帥老頭。（那時的我還沒看習慣這年紀的男人，所以五十歲以上我就覺得很老了。）

深田呢，長得比較滑稽，沒小島長得帥，中文也不太好，但比較年輕一點，剛才那個人還沒進門，就讓我們聽到哈哈哈哈笑聲的就是他。

他們邊聊自己的，邊跟媽媽輕輕碰了一下杯。（感覺在說公司總經理的壞話，取笑他們的上司很蠢之類的。他們兩個都是副總經理，所以上面還會有一個日本上司。）聊到了一個段落，終於正眼看了我們一下。於是媽媽便趁機開始寒暄，順便說：「小島桑、深田桑～這個就是我們家的新米，叫敦子……」

媽媽正準備示意我趕快敬客人，我都還沒舉起酒杯，小島和深田早就體貼的把酒杯靠向我這裡，等著我舉杯了。受寵若驚的我當然趕緊拿起酒杯敬酒。當我小口喝著酒時，小島開口跟媽媽說：「拍謝（他眞的用臺語說這兩個字），我們前幾天比較忙，謝謝妳的 e-mail，新人眞的很可愛欸。」

我在旁邊聽著，才知道原來媽媽早就已經在我報到的隔天，把店裡進新人的事用 e-mail 通知客人，並且發過一輪了。

當下我聽在耳裡，其實是感覺有點不舒服的，畢竟我是人又不是商品，被當成「新貨上市」通知客戶，感覺總是不太好。如果今天是客人來了，在現場當面介紹也就算了，偏偏媽媽除了當面介紹還廣發英雄帖，這實在讓我心裡感到五味雜陳。可惜身爲新人菜鳥的我，也無法跟媽媽表達什麼。心想算了，這應該也是一種增加客人來店意願的手法，既然都來上班了，確實也能算得上是店裡的商品了。畢竟酒店的世界裡，商品並不是酒，而是人啊！所以自我安慰，就當沒聽到吧（眞是認命又巴結的好員工）！

我被安排坐在深田旁邊，小島主動用非常親切的微笑跟我話家常，他問我：「阿奬，妳剛來嗎？還習慣嗎？這個 Group 很囉唆，很嚴格喔，妳受得了嗎？」

此時的深田也一搭一唱，眼神瞄著媽媽，故意白目的說：「對啊，我們介紹妳去別的店吧！我們還會去給妳開酒喔……」然後就又自顧自的，哈哈哈笑了起來。小島也跟著大笑，媽媽在旁邊又氣又笑打了他們一下，回說：「喂！紅卡一張！以後不准你們兩個來了啦！帶壞我的新人。」

我很少看到媽媽像碰到他倆這樣跟客人有說有笑的，感覺不像在爲笑而笑，而是眞正開心的笑。小媽媽呢，則是一直坐在小島旁邊，像個小女人般附和的笑著。

原來，他們就是我們家這一陣子最常出現的常客，公司是做纖維的（媽媽跟我說公司名字的時候，我霧煞煞聽不懂，畢竟我才剛來，除了家裡的冷氣品牌，誰會知道那麼多的日商啊，後來才知道原來在日本也是大公司。）兩個人個性都很活潑，感情好到幾乎隨時黏在一起。

哦~原來是常客，難怪媽媽跟他們感覺像平輩一樣，完全不拘束。

小島跟我聊個幾句，就轉頭跟媽媽和小媽媽繼續聊，而此刻坐在我身旁的深田，突然跟我對到了眼。我還在想該跟他聊些什麼，感覺對這家店很熟悉的他，應該也懶得理我這個菜鳥，但他並沒有，突然收起了搞笑喇賽功力，慢慢開始有一搭沒一搭的跟我聊了幾句。氣氛雖不到太冷，卻也一點都不熱，我以爲又是一個菜鳥讓客人嗨不起來的夜晚，殊不知，我在條通的第一朵桃花，悄悄降臨了……

# 揭開不夜世界的神祕面紗：
## 日式酒店

進來這個環境才知道，所謂的條通，一般指的是五條到十條。在我工作的那個年代（大概西元二〇〇〇年），光是條通裡，各式各樣的小酒店就有四五百家。眞正比較精華精緻的店跟年輕漂亮的小姐，大部分都集中在七八九條。五六條就比較複雜了，臺灣客人多，彪哥多（黑道幫派，《華燈初上》彪哥那類型的客人），餐廳多，那些有做外帶（日本人稱性交易爲外帶，臺式酒店稱爲S）的店大部分都在這兩條裡，觀光客和好奇的一般客人通常也都集中在這裡。

可能也是因爲五六條的店面場地都比較大，七八九條以小店面居多，反而適合想走單純有質感路線的人開店吧！

我所工作的「姫グループ」屬於條通的銀座酒店（最高級也最貴），Group裡有八家店，全部都在七八九條裡。每一間分店都會有一位被雇用的媽媽（也就是店長，年齡大約在三十到五十歲之間。）整個 Group 背後有一位大老闆，我們都稱呼她大媽媽。

在「姬 Group」裡，除了客人之外，全都是女人。沒錯，跟電視劇裡演的不一樣，在我們的世界裡沒有少爺。（我猜是因爲現場若有男人，會讓男客人無法放鬆，保持戒心不自在。加上很多少爺喜歡偷追小姐，或者搞日久生情那套。所以在我們Group 裡從來沒看過少爺。）

眞正像銀座的日式酒店是完全傳統日式作風的，我從沒看過我們店裡燒金紙拜拜，但我們每天都會在店門口放一小碟鹽。沒錯，就是鹽，用意是驅趕不好的東西。

每家店裡都有一位會計，每個月八位會計會在八家店裡輪調，避免弊端。她們的頭上還有一位總會，非常厲害。

一家店裡大概就是一位媽媽加上三四位小姐，店面也不大，大約二十坪左右。很小卻很精緻簡潔又高級。

店裡有一間男女共用的廁所，超級乾淨。在那個還沒普遍使用免治馬桶的年代，店裡廁所用的早已經是TOTO免治馬桶！

然而，雖然說是酒店，但與大家傳統印象不一樣，日式酒店裡幾乎完全沒有熱食（在高級酒店裡，熱食的味道也是一種會打擾到旁人的東西），所以也就完全沒有下酒菜。我們只提供高級水果（必須保證又甜又香又新鮮）和日式米菓（類似搭飛機常會拿到的那種米柿），因爲日本人喝酒的習慣跟臺灣人不太一樣。他們幾乎不需要碰杯，所以不需要又鹹又辣的下酒菜，也不會豪邁的吼搭！大家都是按照自己的習慣或喜歡的速度各自喝各自的，即便是一起來的朋友、同事，也不太會互相干擾喝酒舉杯的頻率。這點我很欣賞，也是日本客和臺灣客差別最大的地方。

至於水果，不怕貴，只怕品質不好。店裡會把各式高檔名貴的水果切成適口的大小，再放進鑲金邊的名牌高級骨瓷食器，端上桌供客人享用。水果都是可以一直續的，但通常日本客人都只會吃個幾口，說穿了，其實就只是擺設。在那個沒有防疫口號的年代，「辣薩呷、辣薩大」的我，總在客人走後、幾杯黃湯下肚後，溜進廚房偷吃家裡很少買的高級水果……

《華燈初上》蘇媽媽說得沒錯，在日式酒店裡工作，高爾夫球、插花、日文……這些都是必學的，後面的故事再聽我慢慢講古囉！

# 11 老江湖與小菜鳥

小島跟深田都是時常在 Group 裡遊走的客人，所以，對於這八家店的八卦，他們可能比我們還熟。加上他倆都已經來臺灣派駐四五年了，所以對這個環境更是已經熟透。

不要以為只有女人愛八卦，男人也很愛。Group 裡的各種小道消息也是這些日本客人茶餘飯後閒聊的話題（很多客人甚至以能夠掌握 Group 最新消息為傲）。畢竟日本人在臺灣的圈圈也不大，加上比較高階或大公司的日本人都遊走在我們這八家店裡，所以他們的消息也很靈通。在 Group 裡，他們不只能認識我們這些女人，更能認識其他駐臺的高階日本人。所以，若說盤頭髮的家庭美髮是我們小姐的八卦站，那麼 Group 就是這些日本駐臺主管的情報站了。

深田在條通也算是老江湖了，加上他的工作是營業的，什麼場面什麼人沒見過。（所謂營業，也就是中文裡的業務部門，比較會觀察氣氛、會聊天、會交際、不怕生。還有另外一種是所謂的工程師，這種部門的男人一般來說就比較悶一點，也比較無趣、比較不會聊天一點。這兩種部門的人不僅工作內容不一樣，個性也不太一樣，就連外表都很容易分辨。）深田在這種環境裡算得上是如魚得水，想裝可憐騙他來捧場？想得美！

在我們這行，學會看人、分辨人，也是很重要的一門功課。

小島則是會計部門的，每天工作就是與數字爲伍，腦袋當然非常清楚。所以，這兩個人都不好抓也不好控制。（請原諒我很直白的用「控制」這兩個字，但事實的確就是這樣，要能抓住男人的心，才比較有可能控制他。在條通，所謂的「控制」大部分是指掌控他的消費力道。）

當時還很菜的我，看不出小島和媽媽、小媽媽三人之間的微妙關係。我只知道小島和深田只要一出現，媽媽和小媽媽大部分時間都是跟小島互動比較多（小島也比較帥啦）。而深田，就像電影裡的周星馳那樣無厘頭，只顧自己開心喇賽喝酒的開心鬼，隨時隨地都可以自顧自的哈哈哈一直笑！

小島，人雖然客氣，但我似乎總是抓不到跟他聊天的節奏，所以大部分時間都像個二軍一樣坐在小島的外圍。而深田呢？他果真是營業的，總是會有一搭沒一搭的自己找話題跟我搭話，而且聊的都是一些很芭樂的話題。

比如說：「阿獎，妳幾歲了？」「阿獎，妳怎麼會日文的？」「阿獎，妳會唱日文歌嗎？」「阿獎，妳酒量好嗎？」

總之，聊的都是這些無關緊要的無聊問題。而且每問完一題我回答完之後，他都會閉著嘴巴點點頭回應「嗯~」一副「哦~原來如此」的樣子，然後停個幾秒，再繼續問我下一個問題。加上每當他面對我時也不哈哈哈大笑，所以我總感覺跟他之間有點冷，也就是現在年輕人說的有點乾。

沒想到他們離開後，媽媽問我：「阿獎，妳有沒有跟深田拿他的名片？」

我說：「有啊！」

媽媽問：「他給你了？」

我說：「對啊，他給我了。」

媽媽頓了兩秒，詭異的笑著說：「阿獎，妳可以試著叩他，約他同伴了。」

叩他？同伴？

我馬上回媽媽：「拜託，我跟他才剛認識，我不覺得我約得到他，而且我感受不到他對我有意思或是好感欸，這麼快就叩他約他吃飯，很怪吧！」

媽媽說：「妳就打電話給他就對了！我叫妳打，妳就打，我不會害妳的啦！」然後自顧自的暗笑著。

接著，媽媽又轉過頭去，得意的開口問前輩：「妳們不覺得今天的深田桑有點不太一樣嗎？」

前輩們明明也都認識深田好一陣子了，卻什麼也不說，光坐在那裡偷偷笑著。我眞是看得一頭霧水。實在不是我不肯打這通電話，只是覺得今天才剛認識，就唐突的打給人家約同伴，他會理我才有鬼了吧！

要請我吃飯，還要花錢進來開酒，最後還要付我同伴費一千塊，這不是一筆小數目，隨便算都上萬，最好是有這麼好約啦！萬一被拒絕多丟臉啊，我才不想碰釘子，萬一到時候電話裡都是我熱臉貼冷屁股，光用想的就覺得丟臉死了。

但媽媽的命令，不打也不行啊！不打就無法交差。好吧，既然是命令，我就等過幾天，找個好時機、好理由，再叩他看看吧！

誰知道，在我不知情的情況下，老江湖還眞的被我這個小菜鳥電到了！

# 12 屬於自己的旗袍

不得不說，旗袍這種東西還眞得要量身訂做，訂做的旗袍跟一般成衣廠那種打公版的，眞的完全是兩碼子事。

前幾天，抽空跟著小媽媽一起去了趟永樂市場周邊挑布，我挑了兩塊素雅的布。（原本只想挑一塊，因爲做一件的成本就要五六千。但若只有一件，我就無法換洗，所以乾脆狠下心，做兩件！）

挑好布的當晚，還沒營業前，小媽媽早就打電話約好了Group的御用師傅，請他來店裡替我量尺寸。只見他老花眼鏡都滑到鼻子上了，耳朵上插著一隻筆，手裡再拿個布尺，很專注的在我身上把布尺拉呀拉的，不出十分鐘吧，一下就量好了。

量好尺寸之後，師傅抬起頭問我，花色要擺在身上的哪個位置？（我挑的都比較素，整件布料裡可能只有一兩朵花，所以必須想一下要把花放在身體的哪個部位展現。）

我正在想的時候，師傅說了：「我看就擺在下襬吧！隨著走路晃動，滿有優雅味道的。滾邊的地方我就幫妳滾跟底色一樣的色系，這樣比較素雅好看！」

師傅講了半天，我腦子裡也還是想像不出那個畫面。但既然是師傅的提議，我當然好啊，畢竟師傅做旗袍做了一輩子，看過摸過的布料不知道多到哪去了，相信他準沒錯！何況他一直跟 Group 配合，想必也熟悉我們八家店的風格，所以我也自然相信，他不會把我的旗袍做得太出格。總之，就安心交給師傅吧！

過了大約一週，有一天，我才剛走進店裡準備梳妝上班，就聽到前輩從廚房喊著：「阿獎！妳的旗袍來嘍～」

哇！我的旗袍來了！我興奮到幾乎是用衝的衝進更衣室，看到我的新旗袍掛在更衣鏡前面，直接不囉嗦迅速穿上身！

量身訂製的就是不一樣！之前一直借穿前輩的旗袍，不是長度超過膝蓋太多

（Group規定長度要剛好蓋住整個膝蓋，不能太長也不能太短），就是腰線、胸線不合，脖子的地方也不太舒服。花色就更別說了，不是自己挑的布，當然也就不會是我的菜。

但新旗袍就不一樣了，它就是爲我而做的。師傅眞不是蓋的，新旗袍完全合我的身，卻又能讓我活動自如，穿起來一點都不彆扭！

我站在鏡子前面，左扭一下，右也扭了一下，再順勢轉了兩圈，把高跟鞋穿了起來。嘖嘖嘖，我搖頭讚嘆著鏡子裡的自己，心裡不禁OS：「看看這個腰線。」然後又把屁股挺了挺：「嘖嘖嘖，看看這個卡蹭……」若不是衩開得實在太高，我都想穿著它去拍旗袍寫眞照了呢！

或許是穿上屬於自己的旗袍了吧，我的自信心也莫名爆棚，還眞覺得自己的身材怎麼那～麼好呀！再看看我的大長腿，天哪！簡直可以去當模特兒了！難怪人家都說，好的旗袍可以襯托女人溫柔婉約的氣質美，不用袒胸露臂，卻能吸引眾人目光。（所以後來一直到我離開Group，陸陸續續總共訂做了二十幾件各種花色的高衩旗袍，算算也花了我不少錢哪！）

沒想到正當我大頭病發作，覺得自己美得冒泡的時候，當晚就被客人修理了……

所以說，人啊，還是不要太得意忘形。別忘了，好事壞事常常都是一起來的。條通生活的十年，讓我見過千奇百怪的人（男）性，也在不知不覺中，練就了我見怪早已不怪的淡定。

# 13 開喜烏龍茶的惡夢

就在我喜孜孜欣賞穿著訂製旗袍的自己有多美，挺著我那一點都不夠凶狠的胸，非常自信的大步跨出更衣室的時候，訊號燈亮起來了。才八點半，誰那麼早來喝酒啊？未免也太早了吧！（這種時間，客人通常都還沒吃完晚飯，所以會在這時候進店喝酒的客人眞的很少。）

媽媽帶著我們一起迎向前去，進門是某位大老闆帶著一些年輕的日本出差客（說年輕大概也有三四十歲）和一位臺灣的協力廠商（感覺也是個老闆，日文很好，大概四十五、六歲），總共五個人一起來喝酒。

這組客人不是常客，似乎已經好久沒出現了。對於這種不是常常出現的客人，媽媽都是讓我們自行穿插坐在客人中間。（因爲不常來，代表這位帶頭的主客並不是特別爲了哪個小姐而來，可能只是欣賞媽媽的個性或喜歡店裡的氣氛而來，甚至只是想來消化存酒罷了。所以通常這種大桌出現的時候，基本上只要一起把氣氛搞好，讓他們開心就可以了。）總之，就是不要讓男客人全部擠在一起，我們要夾坐在他們中間，俗稱梅花座。

當晚是我當番，當番的人要負責調大家的酒，我們稱爲做酒，而做酒的人，就要掌控這一桌消酒的快慢速度。

前輩們都往裡面日本出差客的身邊坐下去了。（出差客也要努力抓看看，讓他們以後來臺灣出差時也能進店消費，所以沒人想坐在臺灣客旁邊。）於是我就坐在最外圍的做酒位置，旁邊剛好是整桌唯一的一位臺灣客。

剛開始氣氛都還不錯，大家也都順順的聊著、喝著、唱著。隨著時間流逝，我看酒瓶的酒也漸漸只剩下四分之一了，心裡想著快點消完這瓶酒，就能問客人要不要再開一瓶了。（每多一瓶就是多五百大洋進自己口袋，當番的誰不想把握機會？）

因爲當番已經喝了不少，加上原本酒量就不好，我開始在不知不覺中把酒越調越濃，直到身邊的臺灣客人開口。

他先是突然對著我大吼：「你他媽的怎麼回事啊！倒這杯酒是要給誰喝的？」然後回頭對著媽媽大聲說：「媽媽！妳是怎麼教育小姐的？搞屁啊？她給我倒的這是什麼？開喜烏龍茶嗎？這麼濃是要我怎麼喝啊？」

他又接著說：「我是喝水割り（意指水加冰塊加酒），不是喝ロック（只加冰塊不加水）欸！」

被他這麼一吼，從小到大沒被這樣吼過的我瞬間清醒！才意識到，在我的潛意識裡，爲了想要累積當番開瓶的獎金，不知不覺把客人的水割り變成開喜烏龍茶了。媽媽示意我趕緊閃去廚房避一下風頭，我照做了。

走進廚房，關上了門，把背靠在門上，剛剛被大吼驚魂未定的我，越想越覺得百感交集，忍不住鼻酸，紅了眼睛哭了起來。一方面心疼自己，又不是窮到沒飯吃，爲了個當番的五百塊，到底在這裡做什麼？每天把自己喝得醉醺醺，犯了錯，還要被客人大吼大叫。（二十五歲的我什麼都沒有，只有自尊心特別高……）

另一方面我心想，他為什麼就不能好好說話？是我做錯，但只要他好好說，我會道歉也會改，為什麼要這樣用吼的？吼到大家都在看我，當著大家的面，一點小小的顏面都不留給我（二十五歲的我也很愛面子）……

是的，這就是臺灣客在條通為人詬病的最大原因，以我在條通多年觀察，日本客人是真的大部分（當然也並不是全部）修養比臺灣客好。很多店家媽媽桑不喜歡臺灣客人，就是因為他們有「老子花錢就是大爺」的心態（即使買單的人不是他），不懂得替別人留情面。

有些臺灣客人，真的是幾杯黃湯下肚後就喜歡口沫橫飛大聲說話，更別提碰到點什麼不開心的事，不是大吼就是拍桌！誇張一點的還會作勢要打人或嗆聲說認識誰誰誰，要落人來砸店。（這種類似《華燈初上》裡彪哥的人物，我在Group裡沒碰過，幾年之後轉戰外面的店，才見過類似的。）總之，喝了酒之後，前後判若兩人的男人多了去。（女人也是啦，有些醉態也很恐怖。）

而這位客人，我早已忘了他姓啥名啥，就連他長啥樣，我也一點都想不起來了，但從此「開喜烏龍茶」這幾個字卻成了我每每想到就莞爾一笑，卻又永生難忘的條通夢魘。

所以，你若問我會員制重不重要。我會說：非常重要！畢竟修養不好的客人，走到哪都是惹人厭的。但很可惜的是，幾乎所有店家都有營收的壓力，挑客人這種事，不是每個老闆都敢跟自己口袋挑戰的。

但我相信，一家店若是願意把目光放遠一點，花時間好好過濾客人，即便眼前少收個幾萬塊錢，久而久之就能做到保護自己、保護員工，也保護客人。到最後，最大的贏家還是自己。

爲什麼說我們每天喝得醉醺醺呢？不是只有當番的時候才要拚自己的獎金嗎？這樣想就太天真了。每天都有人當番，別人當番的時候妳不幫忙消酒，等到妳當番的時候，還會有誰願意跟妳一起努力，幫妳消酒呢？沒有同事的幫忙，單靠自己，請問妳一個人一張嘴是能喝多少？不可否認就是因爲這個制度，把我們每個人都訓練到像喝酒機器一樣，看到酒就是一直喝一直喝，直到瓶子空了爲止！

當然，喝酒也有技巧。酒，等同於客人的財產，人家花大把銀子開的酒，不是用來給妳失戀時猛灌的。所以怎麼拿捏著喝客人的酒，是要觀察氣氛也要觀察客人的。尤其在高級的店家，絕對不允許偷倒客人的酒，這是一種小偷的行爲。也就是說，妳酒杯裡的每一口酒，再不想喝都得吞下肚，不能倒掉！

在應徵的時候，媽媽曾經跟我說：「我要妳們喝酒，但不准妳們喝到醉！」話雖如此，但哪有那麼簡單啊？每天有那麼多酒要消，到底誰能不醉？

所以可不要以爲我們的工作只是陪客人坐在沙發上唱唱歌、喝喝酒，感覺很輕鬆。過來人的我想說，眞的一點都不輕鬆。至於那些大頭症、公主病、講不得、碰不得的……謝謝再聯絡，我看妳還是省省吧，別來這裡自找難看了！

# 14 模擬考

我們 Group 裡一直都有免費的日文課程供小姐們上課進修，除了專用的日文教室，大媽媽也聘請了兩三位日籍老師，依照級別教小姐們日文。我當然也不例外被安排到課堂上課。（缺課不到會被扣薪水以及被媽媽唸，所以我通常不會缺課。）正式上課前，老師會先測試一下我們的日文程度，再幫我們安排適合的級別課程。

印象中，我的日文課都還沒上過幾堂吧，就被媽媽通知我去考模擬考了。欸？模擬考？酒店哪來的模擬考？去哪考？跟誰考？仔細問了一下才知道，原來，八家店的老師們會拿往年的日檢試題來給小姐們做模擬測驗，若是模擬考通過，不用等正式的JLPT大規模日文檢定，就能直接加薪！

我心想，哇這個 Group 也太好了吧！居然還有這種模擬考制度，這實在是太太太方便了！我當然好啊，考就考，先考過就能先加薪，考不過也不會被扣薪，何樂而不爲？

考試當天，我帶著前一晚喝多了的腦子，在規定時間前出現在教室，雖然對錯我也不知道，但至少感覺寫起來都還算順利，頂多就是聽解的時候有點無法集中注意力。

隔天下午，媽媽打電話給我了：「阿獎，妳二級模擬考通過了喔，從現在開始，每個月直接給妳加薪兩千。」

我居然一次就考過二級？也未免太幸運，明明聽解我就聽得霧煞煞啊……（後來才知道，原來我是低空飛過二級，哎呀，管他那麼多，總之只要能加薪就好，其餘的都不是太重要。）

掛掉媽媽的電話，我開心到屁顛屁顛的出門盤頭髮，美容院裡等的人有點多，閒著閒著我突然想起，或許可以藉著這個好機會，試試看深田會不會願意陪我一起慶祝，賞臉吃頓飯。畢竟媽媽叫我打給他的任務拖到現在都還沒完成，一直拖下去也不是辦法。

大概下午五點多，我心想，這時間他應該忙得差不多了吧？於是鼓起勇氣，緊張兮兮的撥了電話給他，響了幾聲，他終於接了。電話那頭傳來他的聲音：「はい、深田です。」

我傻了一秒！他怎麼眞的接了啦……（原本還存著僥倖的心態，希望他乾脆正好在忙不要接，這樣一來，我就能跟媽媽敷衍一下說我有打給深田，可是他都沒接。但，偏偏他接了。）

我支支吾吾又帶結巴的說：「深田桑嗎？我、我、我是……姬 Group 某某店的敦子……請問你忙嗎？方便說話嗎？」

深田也沒多說什麼，感覺依舊不冷也不熱的回我：「哦，敦子桑？妳好，請問找我有什麼事嗎？」

我：「嗯……我……今天考了 Group 的模擬考……嗯……然後……過了二級……」

眞不愧是營業，深田馬上回我：「啊！好厲害欸~眞是恭喜！」

此時，我的感覺眞的TMD冷爆了！這……一聽就是場面話啊……日本人不都是來這套嗎？

於是我心想，既然他那麼敷衍，也沒主動接話說要幫我慶祝，想必也不會肯帶我同伴了啦。既然如此，電話打就打了，乾脆我就把他當個朋友，約他在條通附近隨便吃個晚餐，然後我八點前進店裡直接上班好了。

於是我接著說：「深田桑，你待會兒有時間嗎？要不要一起簡單吃個簡餐，然後我八點再上班？你不用陪我同伴，沒問題的！」（心想，與其被他拒絕，不如我自己先說不用陪我進場，二十五歲的我，自尊心果然很會作祟。）

他緩緩回我：「嗯……可是我沒辦法那麼早欸，我晚一點還有一些事情要處理，所以只能陪妳一下下，不然，就約六點五十在老爺飯店大門口見，好嗎？」

我沮喪的想，六點五十……我客氣的說不用陪我同伴進場，他還眞的順勢當眞了。他是老江湖，明明知道若不陪我同伴，我就得八點準時出現在店裡。約這麼晚，果然是想隨便敷衍我之後就閃人。好吧，既然如此，我也認了。大不了就隨便吃個兩三百塊的日式簡餐，我再裝作沒跟他碰過面的滾進店裡乖乖上班吧！

甚至我還做好了自己買單請客的心理準備，畢竟是我主動約他的，如果他不付錢，我也可以自己付，沒關係。

六點五十。我準時站在老爺飯店的大門口，他遲到了一下，大概五分鐘後才看他一身輕便的從計程車上匆忙付錢下車。此刻的我，心裡只希望快點吃一吃我要趕快趕回店裡。

我仔細看了看他，輕便襯衫配上休閒褲，肩膀上還披著毛衣（以前的日本人很愛這樣披件毛衣），看他的裝扮，應該是下了班先回過家了，我邊瞄他邊在心裡碎唸：「有時間寧可先回家換衣服，卻不肯跟我約早一點，然後慢慢吃個飯再帶我同伴進場嗎？哼！真是個小氣鬼！」

他下車後，不好意思的摸了摸頭髮，然後跟我說：「不好意思，讓妳等我了，走吧，我們去吃飯，妳想吃什麼？」

我跟他不熟，自然是客氣的回：「嗯，隨便，簡單就好。我八點還要進店裡上班呢！」

聽我這麼一說，只見他點了點頭，快步往大馬路旁一站，伸手攔了一輛計程車。感覺他已經決定要去哪吃了，反正我也沒意見，就隨便他帶吧！

# 15 第一次的同伴

深田帶著我上了計程車，什麼也沒多說，直接用他很破的中文，熟練的告訴司機：「農安街、中山北路、新濱餐廳，謝謝。」我在一旁也只能傻傻跟著，大概才五分鐘吧，屁股都還沒坐熱就到了。我們在一間鐵板燒門口停了車，餐廳門口的泊車小弟馬上就來幫忙開車門。

下了車，深田帶著我，推開厚重的拱形木門，只見裡面客人好多，濃濃的煎牛排香味瀰漫整間店，我都快被香死了！幾位穿著黑西裝白襯衫、黑領帶和及膝黑裙的歐巴桑（感覺像是領班或經理）帶著親切笑容跟深田打招呼。我尷尬的低頭陪笑著，緊跟在他身後。

服務生招呼我們坐下後，鐵板燒檯裡來了位頭髮灰白的師傅，這位師傅一來就跟深田簡單用日文寒暄了幾句。深田轉過頭告訴我，這位師傅就是老闆。接著，師傅眼神瞄向我，然後面帶一抹微笑看著深田，深田馬上意會到老師傅的疑問，於是他突然仰頭哈哈哈哈大笑，說：「這是我的中文老師，可愛嗎？」

我在一旁尷尬死了，心想，誰是你老師啊？我還小阿姨咧（這哏洩漏了年齡）！很多駐臺日本人帶年輕女子出門爲了避嫌，都會介紹說是自己的中文家教老師。久而久之，中文老師在這個圈圈裡，就漸漸變成是「咩」的代名詞了。

深田開始點菜，老師傅靠近我們並開口小聲問深田：「要哪種牛肉？今天有很好的牛肉，要看看嗎？」

深田說：「好啊，可以。」

只見老師傅突然消失在鐵板後面，不一會兒，手裡端著一個鐵盤，裡面放著一片大約一公分厚度的粉紅色牛肉。他把牛肉端到我跟深田的面前，用日文說：「這是松阪牛，請問這塊可以嗎？」

深田馬上微笑著點點頭跟老闆說：「可以！」

欸？松阪牛？我好像在哪聽過。不管了，我只希望趕快上菜，讓我趕緊吃兩口，我眞的得趕去上班了！

接近七點半的時候，沙拉、麵包、湯都陸續上來了。雖然看起來都很好吃，但礙於八點前要趕回店裡，我實在只能食不知味的一邊偷瞄手錶一邊吞，心裡盤算著何時跟他說我要離開了。

這一切，深田當然看在眼裡，沒啥跟我聊天，一直喝啤酒的他，突然開口了。說：「慢慢吃就好，不用急，我跟妳同伴一起進去就可以了。」

咳、咳、咳……我聽到他突然來這句，嘴裡的湯差點沒從鼻孔噴出來，心裡眞的又驚喜又氣！如果願意跟我同伴爲何不早說？害我一路緊張兮兮，心想，這人眞的很討厭。但心裡也終於放下大石頭，終於可以慢慢吃我眼前的大餐了！

吃完沙拉、湯、麵包後，又陸續上了明蝦、魚、蔬菜之類的，我也差不多飽了。沒想到這時老闆突然拿出剛才那塊薄牛肉，放在鐵板上滋滋作響的煎了起來……

師傅一邊煎，一邊跟我說：「這是日本松阪和牛，很好吃喔，深田先生很愛吃這個，只是目前臺灣還沒有開放進口，所以量比較稀少，我這裡也只會拿出來賣給熟門熟路的熟客而已，妳待會可以試試看，什麼叫做入口即化！」

拜託，我又不是沒吃過牛排。從小到大也被我爸帶著到處去吃了很多牛排，其中也不是沒有高級牛排。何況眼前的這塊那麼薄，看起來實在不怎麼樣，跟我從小最愛吃的菲力牛排，想必也是不能比。無所謂了，反正只要願意跟我同伴又不用我請客，我就開心，那就吃吃看吧！（二十五歲第一次吃松阪和牛，在那個物以稀爲貴的年代裡，我還眞的是身在福中不知福。）

感覺得出來深田是常客，他喜歡的熟度老闆根本不用多問，只見剛才那塊粉紅色牛肉被切成一條一條的牛排，煎好了放在盤子裡，什麼胡椒醬、蘑菇醬都沒有，就只有簡單的煎蒜片和一小撮鹽、胡椒。好吧，那我就姑且一試吃看看吧！

講到這裡，你們一定知道我接下來的反應了吧？是的！我不敢相信這塊薄薄的牛肉居然眞的入口即化！幾乎不用費心去咀嚼它，隨便咬個兩口就能吞下去了，而且還帶著濃濃的牛肉和牛油的天然香味……

我眼睛瞪得超大，馬上轉過頭去看著跟我並肩坐著的深田，停格了三秒鐘，心想：「我的媽呀！這是什麼鬼？還眞好吃欸！」

深田見我那副張大眼睛又說不出話的樣子，感覺早就在他的預料之中，馬上沾沾自喜又驕傲的看著我說：「如何？很好吃對吧？」

我像被看穿一樣，不好意思的笑了出來。猛點頭，慢慢一字一字，誇張的回他：「超～級～好～吃～」

這一片松阪和牛就這樣拉近了我和深田之間的距離，我們開始聊起食物。我感覺到他似乎很懂得享受美食（這點深得我心，因爲我也是個吃貨），他一邊吃一邊如數家珍的告訴我，他知道很多好吃的地方。

聊著聊著，越來越覺得這個客人眞是不錯，我也開始對他漸漸有了好感。啊！八點四十五分了。不知不覺，怎麼就到了要買單走人的時候了。

於是，深田示意店員買單。

雖然已經過了二十年，回憶起當時的情景，我的心裡還是甜甜的。

# 16 我的初進場

用完餐，服務生拿著帳單過來給深田請款，我偷瞄了一眼，吼！我們兩個人居然吃了九千多塊！這、這、這到底是怎麼吃的啊？

原來，光是那塊一公分厚的松阪牛就五千多塊了。天啊，這看在當時二十五歲的我眼裡，也太誇張、太奢侈了吧！但深田卻很淡定的眼睛也不眨一下，拿出皮夾，不痛不癢的把信用卡交給服務生。

此刻的我雖然很驚嚇，但似乎也不好表現得太土，於是趕忙收回我的驚訝。回過神來不禁肖想：「如果可以，以後我每天都要找客人吃飯，原來 Group 的客人都這麼大方、這麼好咖呀……」（想的都很美。）

後來事實證明，這種願意花大錢請小姐吃飯的客人，雖然有，卻並不是每一個客人都願意這樣做。畢竟男人願意花在妳身上的錢，很多時候也代表著他對妳的寵愛程度，若不是眞心疼愛妳或喜歡妳，他又怎麼會那麼大方？

只是不可否認的是，跟條通外面的店相比，這種有消費實力的客人，Group確實比較多！也因此我在Group工作的期間，跟著這些高階客人幾乎吃遍了當時臺北市的所有高級餐廳。我想，這應該也能算是這種工作的一種福利吧。

我跟著深田，一起搭著計程車來到了店門口，深田毫不猶豫推開店的大門，早就知道我今天會帶客進場的媽媽立刻迎向前來，滿臉笑意看著我倆，似乎非常滿意我能成功把深田帶進店裡來。

原來，牡羊座B型的深田，一直以來都是一位不容易約到他同伴的客人。媽媽說，B型的深田就像是個愛自由的花蝴蝶，不喜歡受人掌控，加上他又是營業的，手上有著數十萬的高額交際費可以核銷，這樣的客人誰不想抓啊？

在那個景氣還算不錯的年代裡，只要有本事爲公司拿到訂單，把營業額做出來，這數十萬的交際費對一間大公司來說，眞的不算什麼。聰明的深田又怎麼會不知道自己的優勢？他當然知道！

只是，媽媽說深田從不一個人來喝酒，他喜歡有酒伴，這就是爲何他很少自己一個人帶小姐吃飯的原因。平時，他不是帶客人來喝，就是跟小島來喝，這也難怪媽媽看到我帶著深田進場時，笑得眼睛都快瞇不見了。

媽媽跟深田坐在吧檯，我換好了旗袍，跟前輩們站在媽媽和深田的對面。這時因爲還早，店裡沒其他客人，我感覺到深田開始有點坐不住。（畢竟所有人都圍在他身邊，這種被眾小姐包圍的感覺，不是每個人都喜歡的。）

媽媽跟深田雖說算得上熟識，但看得出來媽媽對深田，即便是開玩笑，也一直保持著很有分寸的禮貌。可能是因爲深田平時總是不冷不熱的，三不五時讓人很有距離感。

爲什麼這樣說呢？因爲每當大家覺得他應該會哈哈大笑的時候，他總是冷冷點點頭：「嗯～是喔……」相反的，每次我們不覺得有啥好笑時，他就自己在那邊哈哈大笑起來。

總之，妳永遠不知道他心裡到底在想什麼，也不知道他下一步會是何種反應。

再說直接一點，他的個性不是表面上看到的那樣搞笑、簡單。就連媽媽都覺得他有點高深莫測，很難讓人猜透心思。或許，平時我們所看到的那些無厘頭的搞笑，也不過是他的保護色罷了。

這些我不懂，也不想懂。畢竟這跟我一點關係都沒有，我只知道眼前的他挺好相處的，對我也很親切，重點是花錢也不小氣（這點對我們來說很重要）！何況，我又不跟他談上千上百萬的生意，只要他好相處，他的高深莫測啦、距離感啦，我都不在乎。

這一切或許就是所謂的緣分吧，總讓身邊的人感覺有距離的他，跟我相處起來卻是簡單、親切又隨和。在他面前，我可以不玩電視上日本女人假掰的那套，舉凡笑的時候要拿手帕遮嘴啦、坐著的時候不能蹺腳啦……我都沒有做到！

跟深田相處的時候，一講到好笑的事情，我們會一起不遮嘴的哈哈大笑，提到好吃的餐廳，會一起露出期待興奮的眼神，甚至私底下的我們可以聊天聊海，什麼都可以輕鬆聊！

是的，雖然我倆才剛認識不久，但相處起來就像好朋友那樣輕鬆自在。這也就是爲什麼我們才吃了一餐飯，感情就能迅速增溫的原因了。

媽媽跟深田一直客套的聊著，聊著聊著不知不覺也快十點半了。此時，訊號燈又亮起來了，原來是看報紙的嗨嗨桑中野先生出現了。

沒酒伴的深田見狀當然就想趁機閃人，於是示意媽媽過來買單，媽媽請會計拿帳單過來給深田簽，深田一看，告訴媽媽今天直接加開一瓶新酒，記帳上，待會兒一起買單。

我很納悶，深田的酒瓶裡明明還有酒啊，都還沒喝完怎麼又直接開一瓶呢？後來我才知道，這也是客人表達願意捧場的一種方式。Group的客人如果心情好，是不會只消費基本人頭費就離開的，他們通常會願意多開一瓶酒放著，反正下次來也還能喝。先開酒，是給小姐、媽媽，甚至店家面子。那天因爲是我帶他進場的，所以等於直接給我面子啦！（在這種地方，男人就是要會在適當的時機做面子給小姐或媽媽，才會受歡迎。）

媽媽當然開心的順勢接受深田的好意，深田買好了單，媽媽便和我一起到門口送走了深田。

送走了深田後，媽媽走到嗨嗨桑中野先生身旁的位置坐下，我和前輩們依舊站在媽媽和中野先生對面。只見媽媽的臉色跟剛才在深田那裡的時候完全不一樣，媽媽面對中野先生時的臉幾乎是瞬間垮下來的，沒有笑容，感覺有點恐怖。

他倆到底怎麼了？吵架了？

# 17 條通愛情遊戲

眼前跟中野先生並肩坐在吧檯的媽媽，一臉的不愉悅，中野先生也一副做錯事情，想笑又不敢笑的樣子。

只見他一進門就一直在跟媽媽說對不起，我實在看不懂到底發生了什麼事。趁著中野先生離席去上廁所的時候，我問了媽媽，媽媽不說話只笑了笑，始終不告訴我他們之間到底發生了什麼事，前輩也跟著偷偷憋著笑。終於，小媽媽禁不住我好奇的表情，忍不住告訴我：「阿獎，中野先生今天跟公司屬下聚餐，沒接到媽媽的電話，媽媽想藉機修理他！」

原來，中野先生從來不敢漏接媽媽的電話，偏偏今天沒注意到手機在響，漏接了。他知道媽媽會不高興，所以一結束餐會，馬上就趕來報到。

中野先生一回到座位就試圖耍可愛，想要逗媽媽笑，化解尷尬，偏偏媽媽就是不笑。連看都不看他一眼。我試圖幫中野先生說話，正要開口，小媽媽就踢了我一下，示意我別講話，其他前輩也都乖乖喝著自己的酒，全權交給媽媽發揮。

中野先生看媽媽一直不理他，試著替自己闖關、找藉口說服媽媽沒必要生氣，媽媽卻不動如山，理都不理他。

於是中野先生白目的開口了：「妳不理我，那我去別家店找更可愛的小姐了喔。」只見媽媽突然站起來，很堅定的用冰冷的聲音跟會計說：「給中野先生買單。以後不准他再進來我們店。」

這，到底是怎麼回事？一件小事有必要搞成這樣嗎？不就是沒接電話而已不是嗎？至於嗎？而此刻中野先生的反應更是讓我看得莫名其妙。他看到媽媽生氣卻沒有跟著生氣，反而滿臉笑意，感覺他反而很開心媽媽會有這樣的反應。天啊，現在到底是在演哪一齣？怎麼媽媽越生氣，中野先生反而越開心？

接著中野先生用接近懇求的笑臉哄著媽媽，跟媽媽撒嬌說：「好啦好啦，我怎麼可能去別家店呢？我沒有那個膽子啦，而且我根本不喜歡什麼可愛的小姐，妳也知道的啊……」邊說眼神邊飄向我們求救，一副希望我們在旁邊幫腔的樣子。但此時的小媽媽卻反而開始敲邊鼓說：「吼～中野桑，你惹媽媽生氣了，怎麼辦？媽媽眞的很不高興喔，你沒接電話已經很過分了，還想去別家店找可愛的小姐，這樣眞的不行欸～」

在小媽媽的提油救火後，我看到中野先生有點得意又有點緊張的繼續跟媽媽賠不是。終於，媽媽轉頭看向他，一臉嚴肅開口了：「你說，你要怎麼處罰你自己？」

中野先生說：「嗯，那麼今天罰我開一瓶新酒可以嗎？」

媽媽張大眼睛瞪向他：「一瓶？你覺得你的道歉有誠意嗎？」

中野先生馬上求和說：「不然，妳幫我決定我要開幾瓶酒，這樣可以嗎？」

只見媽媽想了三秒，說話了：「這樣好了，以後你的交際費，每個月至少要在我這裡消費十五萬，我會看你的表現再做調整。」

還有這種處罰方式啊？我睜大了眼睛，不敢相信的看著媽媽和中野先生，因爲

眼前的中野先生雖說感覺有點爲難，卻還是はい～はい～はい～答應媽媽了，他果然是媽媽的嗨嗨桑！

原來高階主管的手上或多或少都有所謂的交際費可以自由使用，公司會照單全收幫他們核銷，畢竟要應酬才會有訂單嘛！當時還是菜鳥的我，一直以爲每個客人都是花自己口袋的錢來消費，現在想想，當時的我眞是太單純了！

媽媽跟中野先生這件事也讓我開了眼界。也許，有些男人在面對自己喜歡的女人的時候，也跟我們女人一樣，總是想要藉機反覆確認對方的心意。所以當中野先生提起別的女人，媽媽生氣趕他走時的生氣反應，反而能讓中野先生打從心裡開心，畢竟喜歡才會吃醋生氣嘛！

一般這種年紀的夫妻，通常做老婆的早就懶得管他們，更別提吃醋了，就算眞的吃起醋來，男人可能也只是覺得她無理取鬧，都五六十歲了還吃啥醋？一點都不可愛！唉，大部分的男人還眞的是這樣，這應該就是家花哪有野花香吧……

我只能說媽媽很懂中野，把中野掌控得很好。而中野，其實並不在乎什麼交際費不交際費的，五六十歲的他，在乎的是年輕時談戀愛那種被緊張、被吃醋的感覺。至於媽媽眞的緊張中野嗎？這……就眞的不好說了。

那個夜晚，我從中野先生和媽媽的這齣戲中，終於見識到所謂條通男女的愛情遊戲。

# 18 大媽媽駕到

就在中野先生和媽媽喬定處罰條件後沒多久，眼看已經十二點半了，大家都以爲今天應該沒有客人會再進來喝酒的時候，訊號燈又亮了。沒錯，我們 Group 最尊貴、最受人敬重的大媽媽來了！

大媽媽是我們八家店的老闆，也是八家店的王，在八家店裡，大媽媽說的話就是聖旨。很多時候，就連客人都不敢違背大媽媽的旨意。

這是我第二次看見大媽媽，第一次是應徵那晚，我在姬本店看到過大媽媽。事隔兩個月，今天算是我跟大媽媽第一次近距離的接觸。

大媽媽今晚是自己一個人來的，看她的樣子，應該是已經去別家店巡過了才來，所以身上帶著一些酒氣，看人的眼神也透露著些許霸氣。

我仔細看了一下大媽媽，她穿著一身合身淺色系，素素的低衩及膝訂製旗袍，腳下踩著一雙同色系平底娃娃鞋，跟我們一樣盤著個包包頭。

大媽媽不高，以她六十歲的年紀來說，算是又瘦又小的，感覺她身高頂多一六〇，體重嘛，絕對沒有超過五十。一般六十歲婦人有的臃腫，在大媽媽身上完全看不到。她有著一身感覺常晒太陽的小麥色膚色，還有著結實的肌肉，從外表幾乎看不到一絲多餘的贅肉！

大媽媽的臉也是小小的，單眼皮，但眼神很犀利。老實說，若沒有人告訴我她的身分，走在路上，我完全無法想像她就是條通裡擁有姬王國的大老闆！

雖說大媽媽的外表並不顯眼，甚至我會說她長得非常平凡，但是，大媽媽身上流露著非常強的氣場，當她跟妳四目相對的時候，令人不寒而慄（至少當年的我會害怕），這就是我剛才說的霸氣。

大媽媽一進門，只見我們媽媽立刻放下中野先生，恭敬的迎了上去。但大媽媽並沒有理會媽媽，而是從進門就眼神銳利又面帶微笑的直接走向中野先生身邊，跟他打起了招呼，然後順勢拉開椅子，一屁股坐在中野先生的旁邊。中野先生看到大媽媽來了，也瞬間提起精神，唯唯諾諾應對著大媽媽。

就在這個時候，大媽媽看到站在眼前的我，說：「妳就是上次來的那個新人？」

突然被大媽媽盯著看，我有點不知所措，趕忙回答：「是，大媽媽，妳好，我是新人敦子。」

媽媽馬上接著說：「大媽媽，敦子今天同伴進場，是××公司的深田先生。」

大媽媽滿意的笑著，對我說：「哦~××公司的深田桑啊？很好啊，吃什麼呢？」

我回：「農安街的新濱鐵板燒。」

大媽媽點著頭說：「嗯，深田桑對妳不錯，那裡很好吃。妳要記得客人對妳的好，那種餐廳，不是每個像妳這樣年紀的女生都有機會去用餐的。」我點了點頭，正想回話時，只見大媽媽喝了兩口酒，自顧自的開口跟我們說她想要唱歌，於是，她禮貌性又帶撒嬌口氣的轉頭過去問中野先生：「中野桑~我可以唱歌嗎？」

廢話，誰敢說不可以啊……

中野先生馬上唯唯諾諾點頭說：「どうぞ～請～」

於是大媽媽對著我們說出想唱的歌名，媽媽更是厲害，立馬拿出櫃檯裡的小手帳，原來大媽媽有自己專屬的歌單。

不一會兒，前奏音樂就出來了。大媽媽很有氣勢的拿起了麥克風，自己獨自一人站上了我們店裡那個大概只有離地十五公分高的半圓形小小舞臺，唱起她的歌來。

我發現，大媽媽唱歌並不好聽，但她唱得很陶醉也很認眞。當然，我們也沒人敢說她唱得不怎樣，尤其當大媽媽唱完最後一句時，媽媽、中野先生和前輩們立馬認眞拍起手來，我也只好趕緊跟著猛拍手。（雖然很不禮貌，但當時確實讓我想到哆啦A夢裡的胖虎。）

大媽媽越唱興致越高昂，她走到吧檯拉起了好脾氣的中野先生，叫他站在身旁陪她唱，中野先生平時根本就不是愛唱歌的人，婉拒了大媽媽遞給他的麥克風，跟著大媽媽站上臺，並且眞的乖乖站在大媽媽身旁陪著笑臉、打著拍子！（這一幕讓我彷彿看到乖女婿爲了怕自己的老婆爲難，乖乖順從的陪著岳母唱歌。）

就這樣連續高歌了好幾首，大媽媽酒興開了，突然對著中野先生說：「中野桑～我今天在這裡碰到你，還跟你唱歌，心情眞是特別好！不知道你能不能請我喝一瓶酒？」（我覺得大媽媽根本是從一進門就盯上中野先生了。）

中野先生無奈又帶著苦笑說：「可以啊……大媽媽想喝什麼酒？」

只見大媽媽指著酒櫃正中央擺在最高位置的那瓶百齡罈三十年，然後眼神帶點無辜、任性又有點裝可愛的看著中野先生說：「我想喝這個～（小扭）可以嗎？」

中野先生很無奈卻又無可奈何的回答：「可以啊！請～」

是的，中野先生是媽媽的嗨嗨桑，他對著媽媽的頂頭上司，怎麼說得出「不可以」這麼失禮的三個字？

就這樣，中野先生當晚的帳單又多記了一筆兩萬八上去。（這也是大媽媽讓某些客人反感，看到她會想閃的原因。）

大媽媽就是這樣，很霸氣也很會撒嬌，她很清楚她自己是誰，也很清楚對於她的任性，誰會買單，誰又不會買單。當然，這些客人生日的時候，大媽媽出手也都很大方，時常贈送客人昂貴的禮物。印象中，我就曾經看過大媽媽送一支勞力士手錶給客人。

或許有人會說這是不正確的價值觀，但我並不想去評論這樣的價值觀到底對不對，我只想描述這些二十年前我親眼所見的事情。

在那個一般人月薪才兩萬五到三萬的年代裡，我卻每天看著幾萬，甚至幾十萬在空氣裡飛來飛去。不可否認，確實也影響了我對金錢該有的認知與想像。

而時間最後也給出了證明，截至今天，條通幾十年的歷史裡，像大媽媽這樣的傳奇人物，前無古人，更是後無來者。

# 19 是卑微還是供需？

今天到了上班時間，都沒看到我們店的阿季出現，前輩告訴我，阿季今天同伴進場。

我很少看到有客人主動跟阿季搭話，更別說會帶阿季同伴進場了，於是我開始好奇，到底是怎樣的客人會跟阿季一起出現在我們店裡。

九點一到，阿季帶著一位頭髮灰白，大約六十歲的歐吉桑走了進來，這位中等身材，個子不高的客人，穿著白襯衫和淺灰色西裝褲，看起來非常客氣也非常謙虛，中文也說得很不錯，甚至懂得一點點生活中常用的臺語。他一直笑瞇瞇，感覺就是很慈祥很和善，不過他說的笑話都很冷！名字叫高木。

媽媽帶著高木先生入座，他就像電視裡拘謹的日本人那樣，沙發只坐前半段，兩腿夾得緊緊的，雙手一直放在自己腿上，不管我們稱讚他什麼客套的話，他總是面帶微笑、頭低低，謙虛的搖搖手說：「不是、不是、不是這樣的。妳們這是在對我拍馬屁嗎？即使是拍馬屁，我也很開心呦……」

是的，高木先生就是這麼謙虛，並且對大家都很客氣，所以我自然而然以爲他對阿季應該也是像中野先生對媽媽那樣的沒脾氣。也或許，高木先生搞不好就是我們家阿季的嗨嗨桑。

阿季迅速換好旗袍，又迅速在高木先生身旁的沙發坐了下來。高木先生不管冬天夏天，永遠只喝熱酒，也就是威士忌加熱水，日文叫做お湯割り，阿季一直非常細心又小心翼翼的照料著他。

我們家的阿季雖說年紀比媽媽還大，但身材保持得也挺勻稱，而且插得一手好花。唯一比較可惜的就是阿季長得比較平凡，嗯，再嚴格一點來說，阿季不是一般男人一眼就會喜歡上的長相，所以我總能感覺到阿季工作特別認分，不管誰當番，阿季總是特別認眞幫店裡消酒。那些拿麥克風啦、換冰桶這些雜事，阿季也都跑得特別勤快。更別說在面對唯一一位客人高木先生的時候，阿季當然更是照顧得無微不至。講誇張一點，眞的是茶來伸手、飯來張口，就連水果，阿季都會餵進他嘴裡，總之，他就像小嬰兒一樣被阿季照料著。

高木先生嗓門特別宏亮，很愛說冷笑話，也特別愛唱歌。不唱則已，一唱，就是要唱早安少女組的嗨歌，節奏一出來，妳就可以看到一個滿頭灰白髮色的六十歲男子，站在舞臺上扯著大嗓門飆唱：「超超超いい感じ、超超超超いい感じ……」

我最害怕聽他唱歌了，其實唱歌不太好聽的客人也不少見，所以我們也都麻痹了，但，嗓門大，丹田有力又特別宏亮的，也就只有他了。（若說大媽媽是哆啦A夢裡的女胖虎，那麼高木先生就是我心中的至尊男版胖虎了。）可能是我們太高，距離喇叭比較近吧，總之，每次我都覺得我的耳朵快爆炸了。

後來，我發現獅子座大男人高木先生除了愛面子，還像小孩子一樣很愛人哄。阿季不能不順他的意，也不太能離開他身邊太久去照顧別桌客人。只要高木先生一不高興，直接受影響的就是阿季的同伴次數。

前面我說過，阿季能同伴的只有高木先生，所以沒得選擇，只能一直順著高木先生的毛摸、哄他開心。高木先生也不是笨蛋，他當然知道自己的籌碼是什麼，所以動不動就會「張」（請用臺語發音）。他一「張」，阿季就必須盡量安撫他，久而久之，「同伴」這兩個字在阿季身上，我看到的是一種變相的「獎賞」。

當時心高氣傲的我看在眼裡，嘴上雖沒說什麼，但心裡卻是很替阿季打抱不平的，完全無法想像，怎麼會有人讓自己的「同伴」變成是一種客人給的「獎賞」呢？又爲何會有人拿跟小姐吃飯的「同伴」來當成給小姐的賞賜呢？我無法接受！我也想不透爲何阿季要這樣卑微的接受他的賞賜。

爲了同伴的獎金嗎？我覺得，能說是，也能說不是。二十年後的今天我完全想透了，其實這不過就是一種供與需而已，高木先生的愛張怪脾氣，只有阿季受得了，也願意受、願意哄。時間久了，高木先生和阿季之間也培養出了一種默契，並且協調得很好又甘之如飴。

所以現在的我，不會說阿季完全是爲了公司規定的同伴一直在忍受和退讓。就像你我身邊的父母或阿公阿嬤，是不是也會有類似的相處模式呢？外人看了很氣，覺得她（他）很委屈，但他們卻還是一直在那個圈圈裡打轉。

只能說，我們都不是當事人，無法理解他們眞正的想法與感受，無論是爲錢也好，爲愛也罷。我相信愛鬧情緒的高木，一定也有某些點是讓阿季感動的，只是我們外人看不到也感受不到！其實換個角度思考，只要當事人樂意，我們又何必替她（他）們覺得卑微又叫屈呢？

## 20 求婚

進來Group才沒幾個月，就碰到了有人跟我求婚。

這位客人似乎一直在八家店裡遊走，他都是喝自己的錢，不是交際費。某天他來到我們家，我當時還是店裡最菜的，當然不知道這個人是什麼來歷，於是，在店裡還有另一桌的情況下，我被安排到他的面前來招呼他。

他的名字叫山本，因爲外型跟帥幾乎扯不上邊，加上他說起笑話來很不好笑，而且還帶點自負的感覺，完全不是我的菜，所以我也就很職業的看他想聊啥我就敬業的陪他聊。聊著聊著，他居然主動開口問我哪天有空，說想約我吃飯。

我才跟他聊不到一小時欸，我有美得這麼明顯嗎？（自我有記憶以來，明明就不是那種美豔型的啊啊啊……）

好啊！吃飯是吧？吃就吃啊！平時都是我們自己想辦法約客人，今天居然難得有人自己送上門來。不錯啊！看來我要開始走運囉！

到了約定的時間我準時赴約，我也忘了他帶我去吃啥，好像是吃龍都吧，總之我跟他吃飯純粹只是爲了同伴進場，吃什麼，其實一點都不重要！

進了餐廳，大概吃到一半的時候吧，他突然說：「阿獎，我們結婚好嗎？」我眞的是差點噎到，我到底是有多正？正到我們根本不熟，他居然就想把我娶回家？我認眞想著，可能自己眞的是長得太古錐了。（別笑，這也不是不可能啊，或許我還眞的是他的天菜或是很像他過世的老婆或初戀情人之類的，是吧？電視不是都這樣演的嗎？）

他接著說：「妳的工作要喝那麼多酒、那麼辛苦。我有很好的工作，要不要考慮跟我結婚，我會對妳很好的，妳可以跟我一起回去日本生活。」

他又接著說：「如果妳同意，我們可以找一天去挑戒指，妳們女生都喜歡Tiffany 對嗎？」

我一邊聽，一邊呆坐在他對面，想著該怎麼回應他，他卻以爲我的沉默是因爲我不知道赫赫有名的 Tiffany。於是，他說話力道更強，兩眼瞪得大大的強調：「就是有著漂亮水藍色紙盒子，上面綁著銀白色漂亮緞帶的那個牌子啊，妳知道嗎？」他越說越激動，越說越像眞的……

我心裡吶喊著：「欸！先生！不是什麼戒指品牌的問題吧，是我根本就不喜歡你啊！而且我們才見面兩次欸，你到底是哪裡有病？」

但基於職業道德，我也只能一路皮笑肉不笑，呵呵呵呵敷衍他。心想，趕快結束這個同伴，趕快把他帶進店裡，我就解脫了！

終於，時間到了，我趕緊帶著他進到店裡。說也奇怪，進了店裡之後他並沒有再提求婚的事，就好像什麼都沒發生過，跟大家閒聊著。

聊著聊著，眼看他原本就只剩一點點的酒瓶也幾乎空了，我正想找時機點問他要不要再開一瓶酒的時候，他卻跟媽媽說他要回家了（嗚，我的開酒計畫失敗）。媽媽的反應也有些奇怪，完全沒有想留他的意思，馬上點點頭說：「好，知道了。」並且交代會計買單。（若是熟客或好咖，媽媽通常會試著客氣的留一下客人，客人通常也會再坐一會兒，我們才有機會再開一瓶，這一瓶一瓶的累積下來就是店家的業績啊！）

山本買了單，就一切都很正常的離開了。前輩們都回沙發上坐好待命，我跟媽媽也在沙發上坐下，此時，我實在忍不住開口了……

我說：「媽媽，這個山本今天跟我求婚欸。」

我還想繼續接著說的時候，前輩A已經開口了：「哎呦，妳別理他啦，那個分店的誰誰誰也被他求過婚啊！」

然後前輩B也開口了：「對啊，他是神經病啦！我剛來的時候，他也說要跟我結婚啊！」

媽媽也不說話，坐在沙發上像聽笑話那樣笑著，然後跟我說：「阿獎，這個山本是個怪人。我們Group裡其實也有些怪咖，每個怪咖的ㄆㄧˇㄚ都不太一樣，而山本呢，就是個出了名的鐵公雞，不但小氣，還到處求婚！妳別理他就好，他想找妳吃飯妳就去，其餘的聽聽就好，別當眞！」

吼～難怪一進店裡就沒繼續說結婚的事了，原來是看我還算菜，想騙我嫩啊！也更難怪他一說要買單，媽媽連客氣留一下都不留！原來是因爲媽媽知道留也沒用，他不會再開一瓶酒了，所以也不用再浪費多餘的時間和力氣，直接放他走了。

哎呦喂啊，到底是有多「肖某」啦！既然有還不錯的工作，爲何怕娶不到老婆呢？幹嘛這樣到處跟人家求婚？後來我才知道，有些日本未婚或單身的男人，喜歡在條通明示暗示小姐說他累了，想安定、想結婚。也就是說，畫個大餅，讓小姐誤以爲跟他在一起是以結婚爲前提的交往，但事實上，他只是想白睡妳而已。（因爲一旦交往，成年男女之間發生性關係是再正常不過的事。若妳信了，開始跟他約會交往，是不是就有很大的機會可以睡到妳？）

當然也有那種眞的是愛上小姐，眞心想娶的客人，但山本很明顯不是。所以女人還眞別犯傻！不要人家畫一塊大餅在前面，妳既沒碰到、更沒吃到，就傻傻被騙得團團轉。

這也算是我在條通常見到的一種愛情騙子（現在稱爲渣男）手法，相信白天的世界裡應該也不會少見。日本人說十人十色（じゅうにんといろ）也就是一樣米養

百種人，果然條通裡什麼怪人都有！我當年是沒被山本這種人騙到啦，希望讀到這裡的妳們也沒有。

# 21 高爾夫

今晚，媽媽一進店就交代我們，說待會兒會有一組打球的客人進來，我才知道原來今天白天媽媽跟客人打球去了。媽媽一坐下來就跟我們分享他們今天去哪打球、去哪吃飯，然後發生了什麼糗事趣事。

聊到高爾夫，前輩們都能跟媽媽搭上話，就只有我，完全聽不懂。媽媽看我聽不懂，於是開口問：「阿獎，妳要不要練習高爾夫球？有興趣嗎？我們店除了B前輩完全沒興趣外，小媽媽和A前輩、阿季也有在抽空學喔，妳要不要也試試？」

聽不懂高爾夫話題的我被這麼一問，當然也想像她們那樣一聊起高爾夫就能侃侃而談，多帥氣啊！於是毫不考慮說：「好啊！我也想學！」

會回答得那麼快，是因爲我以爲學高爾夫也跟插花、日文一樣，不用自己出錢。殊不知，問了媽媽，媽媽才說：「沒有啦，學高爾夫是自費請私人教練一對一的，等妳學到一個基本的階段後，無論是跟媽媽們打，還是跟客人們打，費用就都不用自己出了，自然會有人幫妳出。」

年輕臉皮薄很愛面子的我，一言既出，駟馬難追。心想：「好吧！學就學，話都說出口了，自己出錢就自己出錢，反正應該也貴不到哪裡去！」（後來才知道，一對一的教練一小時就要一千塊，對當時的我來說，還眞貴！）

不久後，訊號燈亮起，白天跟媽媽打球的客人來了。原來，若是白天陪客人打球，晚上客人就必須進店裡來捧場消費，這也是一種不成文的規定。

客人坐下後，聊的話題全是今天早上的高爾夫，沒想到媽媽居然跟客人說：「我們家阿獎也準備要去學了喔，不久後的將來，阿獎就能跟我們一起上場了！」媽媽此話一出，我便是完全沒有後悔耍賴的餘地了。

正在煩惱的時候，訊號燈又亮了，是我跟媽媽去開的門，玻璃門一推開，居然是深田來了。我趕緊去拿擦手毛巾，順勢改坐到深田那桌，小島和深田哥倆好，又在自顧自的嘻嘻哈哈，有說有笑著……

其實自從上次吃飯之後，小島跟深田也來過兩三次了，他們來店裡的頻率從原本的一週一次，漸漸變成了一週兩三次。但今天感覺特別不一樣，他倆今天的感覺好像喝得比較多，情緒特別嗨！

才剛坐下，帥帥的小島接下我遞上的毛巾，突然挪過身來面向著我，滿臉通紅，帶著笑意把手搭在我肩上，用中文對我說：「阿獎，來，妳來坐我旁邊。」只見一直很嗨的深田，屁股突然像有彈簧一樣從沙發彈起來，大聲對小島說：「不行！敦子是我的！」（不誇張，他眞的就是雙手比個大叉的動作。）一邊說一邊把小島的手撥下來，身子還整個擋在我跟小島的中間，我們三個人就像老鷹抓小雞那樣好笑，小島一直作勢要拉我過去他身旁，而深田也一直喊著ダメ！ダメ！

我看出來了，小島根本就是故意的，他是故意要鬧深田的，所以才故意把手搭在我肩上。而我看到深田這個宣示主權的舉動，心裡甜甜的感覺也油然而生。或許當時小島的舉動只是幫著深田在唱雙簧把咩，但不可否認，這招挺有效的！女人在面對自己也有好感的對象時，這招，確實是能加速我對他的好感。

從那天之後，我也更確認了深田喜歡我的心意。只要深田在的時候，我就自然而然的很放鬆、很自在，甚至有的時候能感覺到自己像個小公主一樣被深田保護著，不用招呼別人，不用膽顫心驚，怕碰到大吼大叫的瘋子！

也不知道是不是我多想，甚至有些時候，我都能微微感受到，連平時不愛笑很酷的媽媽，都會在深田出現的時候，對我特別和顏悅色。

於是，不知從何時開始，我開始期待深田的到來。每當訊號燈亮起，我都希望走進門來的是他，甚至門都還沒打開，只是燈先亮起時，我都不自覺的豎起耳朵，尋找他那爽朗的哈哈大笑聲。糟糕，我好像戀愛了……

# 22 三角曖昧

有別於我跟深田日漸明朗的來電，我漸漸發現身邊的小媽媽其實是暗地裡喜歡小島的。而小島，也似乎有意無意，三不五時撩一下我們的小媽媽。

我一點都不覺得奇怪，畢竟像小島這樣的老帥哥，怎麼可能沒人愛？（他雖然快六十歲了，但身材卻保持得不錯，高高的中等身材，也沒肚子，穿起西裝來，眞的能稱得上是日本帥歐吉桑。）

小媽媽是個雙子座AB型的短髮女子，身高一七三，比我還高！她看起來是那麼有型又有個性，但喜歡上小島，我總覺得她敢愛不敢言。不像我，喜歡或不喜歡都是大剌剌的，又敢衝。

小媽媽喜歡小島喜歡得很謹愼，我一直以爲這是她的個性使然。結果，我錯了！事情永遠都不像我們表面上看到的那麼簡單！

這一天，小媽媽當番，她喝多了。送走了小島和深田這一桌，在下班換衣服的時候，我居然看到她偷偷在掉淚。我會說偷偷掉淚，是因爲她眞的是面無表情，怕人察覺的在掉淚。

除了媽媽，我幾乎算是小媽媽手把手一路帶過來的後輩，看慣了平時冷靜又幹練的她，現在突然看到她像個柔弱女子卻又故作堅強在掉淚，我當然心疼！急著想問她發生了什麼事？是不是受了什麼委屈？被客人欺負了嗎？還是發生了什麼大事？

喝多了的小媽媽撇過頭去，什麼也不說，只是一味頭低低搖著手，什麼都沒說，換好衣服就拎著她的包包往大門衝出去。我也趕緊抓著包包緊跟在她身邊，我眞心害怕喝多了的她會出事啊……

小媽媽一抬手就攔下一輛早已停在巷口的計程車，俐落的上車，我也一屁股趕緊上車黏在她身邊，急著問她：「妳到底怎麼了？媽媽罵妳了？還是哪個王八蛋客人欺負妳了？」

她一邊哭，一邊抹掉一直往下掉的眼淚，我不死心的追問，她終於鬆口了，說：「阿獎，我很喜歡小島，可是妳知道嗎，小島的心，還有一部分在媽媽身上……」

什麼？這是什麼意思？他們三個人到底是什麼關係？我傻了兩秒，趕緊趁她肯開口告訴我原因的時候繼續追問，但小媽媽卻不肯多說！只是一味哭，一味搖頭。

我說：「小島跟媽媽有過一段情嗎？」小媽媽點點頭。

我說：「那小島喜歡妳嗎？」

她說：「我有時覺得是，有時又覺得不是。」

我繼續追問：「那妳怎麼知道小島還有一部分的心在媽媽身上？」

她說：「因爲他上次來店裡，喝醉了，我送他回家，在計程車上，他想親我，但卻把我叫成媽媽的名字……」

哎呦～這有多傷人啊！有哪個女人能接受自己喜歡的男人還愛著別人？難怪我感覺小媽媽一直喜歡小島喜歡得很拘謹，原來他們中間一直卡著一個我們自家店裡的媽媽。若是別家店的媽媽倒也就算了，畢竟眼不見爲淨！但自己店的媽媽，總不能不顧慮一下吧！這樣同在一家店，同坐在一桌，同時面對小島，豈不是尷尬死？要是我，也會很想挖個地洞鑽進去！

我接著問：「那小島跟媽媽有在一起過嗎？」

小媽媽說：「我不確定！但我知道媽媽喜歡小島，小島也喜歡媽媽。」

媽呀……是不是我真的太單純？人怎麼可以有這麼多種感情啊？媽媽不是已經有嗨嗨桑這麼好的男人了嗎？怎麼還會喜歡小島呢？

而小島也是奇怪了，明明也喜歡小媽媽，爲何心裡又還留個位置給媽媽呢？這個成人的世界也未免太複雜、太難懂了吧……

是的，在條通，我們也有自己的眞感情！我們也會有受傷的時候。或許大家會覺得我們這些在夜裡討生活的女人都是等著讓男人挑選的吧？其實不是這樣的，現在的我反而認爲，這些男人在挑選我們的同時，我們也在挑選著這些男人！

每天訊號燈一亮，就有不同的男人走進來讓我們挑選。妳永遠不會知道待會兒門後會出現什麼長相、什麼個性的男人。年輕的時候沒多想，只覺得是份工作，但現在進入中年回想起來，竟然覺得還眞是不錯，畢竟我的年輕沒有留白。就像餐廳的送菜電梯一樣，叮一聲，門打開才知道裡面是什麼菜色，多令人期待啊！

現在什麼交友網站比得上這個？在那個韓劇歐巴都還沒有崛起的年代，每天各式各樣環肥燕瘦的日本男人來店裡喝酒讓我們挑，只要我們願意，他們非但任我們挑選，還得掏錢出來，幫著店家付薪水給我們呢！

別忘了，條通雖說日式酒店有四五百家，但眞正做到會員制、走頂級路線的卻只有我們 Group 這八家！

所以，包著包包頭又訓練有素、走氣質質感路線的 Group 小姐們，完全就是條通裡的愛馬仕呦！女人愛包包界裡的愛馬仕，男人又何嘗不愛條通裡的愛馬仕呢？男人也有虛榮心，這也是 Group 小姐受歡迎的原因，愛馬仕的精緻作工與質感又怎麼會是一般路邊攤粗糙又到處脫線的包包可以相提並論的呢？

對愛用名牌的日本客來說，帶著個 Group 小姐走在路上，就好比我們女人帶著個愛馬仕柏金包走在路上一樣，享受著走路有風的快感！

話雖如此，但畢竟大部分客人都是有婦之夫，我們也只能享受被追求和談談戀愛被捧在手心的感覺，千萬別奢望人家拋家棄子放棄事業來娶妳！心裡若沒這樣的認知，就千萬不要來這個夜晚的世界。妳玩不起，他更玩不起！

有些日本男人在條通被愛沖昏頭，拋家棄子，爲了心愛的女人來臺灣定居，毀壞了自己在日本的社會形象，經營一輩子的工作也飛了，裸身到了臺灣。試問，當你什麼都沒有了，褪下包裝精美的糖果外衣後，女人還會愛你嗎？不會！眞的不會！至少我沒見過會的！

很多人說歡場無眞愛，老實說，這句話我其實並不完全認同。因爲歡場是有眞愛的。在條通，我就親眼見證過好幾次眞愛！

但不可否認，愛情一定要有麵包。沒有麵包的愛情，無論是不是在歡場，都遲早會出問題，會餓死！尤其在條通，愛情可以有，但必須在你口袋夠深的情況下，畢竟愛情很美好，但生活卻很現實。

# 揭開不夜世界的神祕面紗：
## 讀懂男人的密碼

關於搶客人這種灑狗血的橋段，在我們 Group 眞的是不常見。經營客人，我們不靠「搶」，靠的是空氣中的「媒合」。當一切都對了，不用多說，也不用多做，該發生甚麼，就發生什麼。爲什麼會這樣呢？

一般來說，能到日式酒店消費的客人，社經地位都不低，既然社經地位不低，又豈是妳想搶就搶得到的（請不要把男人當笨蛋）？這些貴客哪個不是學歷高、見識多？看過的女人多了去，也都很有自己的想法和主見。

在這種頂級酒店裡，大家靠的是一種感覺，一種看對眼、聊得來、知心的感覺。對日本客來說，尤其在異鄉，這種感覺顯得特別重要。

光憑著自己年輕貌美就肖想掌控他們？我只能說，太難！妳把這些客人看得太低也想得太簡單了！或許想：「那使出殺手鐧，陪睡呢？」我可以直接告訴妳，睡了也是白睡！沒錯，即使爬得上他的床，也只是被白睡一遭而已。陪睡誰不會？大家都會睡。陪睡不是一種手段，充其量只能說是一種身爲人類，與身俱來的一種本能。

單憑陪男人睡覺這件事，根本無法抓住一個男人的心，女人啊，要知道在男人的世界裡，性和愛是可以被分開的兩件事！想得到他的心，除了外表一定得不讓他討厭之外，他們還要妳惹人憐愛。（不單單是指外表喔，很多時候，他們看到妳努力向上，也是會很心疼、很欣賞、很感動的。）

他們要妳懂他心裡在想什麼，要妳跟他之間的頻道能對得上。最好是能心有靈犀一點通，他想做什麼，不用多說，妳都能懂。

就像ＡＴＭ提款機，妳亂按一通有用嗎？錢會出來嗎？當然不會！不但不會，亂按超過三次，還會被鎖卡！但密碼對了，一切就都好說了。密碼對了，想予取予求也不是不可能（當然前提是帳戶裡必須有錢）。

在條通裡，我看過很多男人都有工作上的煩惱（高級主管何嘗沒有煩惱），但回家沒人可以說，或說了也聽不懂，又或者，沒人願意花寶貴的時間去聽。於是，他們就會我們這裡找聊得來的小姐，說給我們聽，說我們是客人的解語花，一點都不為過。

至於外面的那種外帶店，或者火辣辣的人肉市場，客人會愛嗎？不，大部分的頂級客人是不愛的！他們不愛太赤裸的氛圍。男女之間，那種付錢了事的感覺，跟愛是扯不太上關係的。

打個淺顯易懂又直白的比方來說吧！就像你走在路上，突然肚子疼想找個地方解決，此時，若眼前只有一間流動公廁，你上不上？我想，很多人在別無選擇又急迫的情況下都會上。上完了，通體舒暢了，擦擦屁股沖了水、洗洗手，然後呢？應該是快速離開吧？

試問，誰會在上完廁所後輕撫馬桶、抱著馬桶睡覺？你會嗎？相信非但不會，甚至會嫌它髒，這就是人性。

酒店，是一個很好學習、看透人性的地方。在酒店三年，讓我對人性的領悟勝過外面的十年！話說得直白，是希望能透過我對男人的觀察，讓大家更懂得如何跟另一半相處。

該爭取的時候爭取，該退讓的時候退讓，無論感情還是婚姻，都能更幸福美滿。畢竟感情不分男女、不分年紀，都是需要用心、用時間經營的。

# 23 生日禮物

時間過得很快，在Group待著待著，我的生日也即將到來，沒想到媽媽今天一來店裡，就把手裡拎著的紙袋當著前輩們的面交給了我。我完全沒有意識到這是媽媽要給我的生日禮物，畢竟生日還沒到，而且我也不是小孩子了，生不生日的沒特別在意。媽媽突然拿禮物給我，我確實嚇了一跳。

打開紙袋，出現在我眼前的是一個長條的白色紙盒子，上面印著Longines。天哪！居然是一隻手錶！我小心翼翼把它從盒子裡拿出來，只見媽媽一臉酷酷的對我說：「阿獎，我今天下午去逛街，看到這隻錶就覺得適合妳，送給妳，生日快樂！」

媽媽一如往常的酷，但是我是什麼咖啊？我才剛來這裡工作沒多久欸，媽媽怎麼送我這麼貴重的禮物啦！我自己手上戴的Seiko都得花上辛苦存來的七千大洋，更何況是這隻浪琴錶，至少要上萬吧？這麼貴重我是要怎麼收下？這份禮這份人情，我根本還不起啊……

我急忙把錶盒往媽媽身上推，跟媽媽說：「媽媽，我沒在過什麼生日不生日的啦！妳不要送我這麼貴重的禮物，我還不起的。」

前輩們看我謝絕這份禮物，就幫腔說：「阿獎，這是媽媽的心意，妳就收下吧！」

媽媽語重心長對著我們說：「妳就戴上它吧！我希望妳們都能用上好的東西，這樣才不會被客人看輕，客人會知道，妳們不是隨隨便便就能被敷衍的。我也希望妳們知道，只要認眞努力工作，什麼好東西都可以用得起！」

當年的我沒多想媽媽說這話的含意，我只知道媽媽一定是希望我努力工作，我也知道若再不收下禮物，就變成是我不懂事了。心想，既然媽媽疼我，那麼接下來的日子，我要更努力工作來回報她！

當下，我眞心覺得這個 Group 這個媽媽，實在太好了，也慶幸自己運氣不錯，一進到條通，就進入了一間高質感的店，並且碰到願意疼我的上司。

當天晚上的生意不錯，一桌走了，一桌又來，經過媽媽送手錶的鼓勵，我也喝得特別認眞。直到全部客人都走了之後，我才發現自己眞的喝多了，可能是陪客人玩吹牛喝得太猛（我的技術爛，一直輸給日本人），原本酒量就不太好的我，下意識感覺到自己的臉好漲，摸了一下，發現我的臉居然燙到像發高燒那樣紅通通又燒燙燙的。

於是我獨自走進廚房，廚房裡就我一個，前輩們都在外面沙發上坐著休息，我顧不得形象，坐在廚房的地板上。冰冰涼涼的地板讓頭暈的我舒服多了，管不了三七二十一，乾脆直接躺在乾淨的地板上。此刻，我只知道我好累、好不舒服……

就在我躺下去沒幾秒之後，一股噁心的感覺逼使我嘔吐，只見紅通通又濃稠的液體就這樣出現在白色的地板上！

我努力撐起身子，打開流理檯的水龍頭漱了漱嘴，根本顧不了被我弄髒的地板，難受的走出廚房，站在門口，對著坐在沙發上的媽媽說：「媽媽，我不行了，實在抱歉，我喝到胃出血了，這份工作，看來我是做不了了！」

聽我這麼一說，媽媽跟前輩們急忙走到我身邊，關心的圍著我，媽媽甚至想要趕緊叫車送我去醫院。就在這個時候，剛才走進廚房準備幫我清理地板的會計和前輩A突然說話了，前輩A用高八度的音調說：「阿獎，妳是不是吃了前面那桌客人收進來的櫻桃啊？」

會計也蹲在地上抬頭看著我說：「對啊，阿獎，妳看妳吐的血裡面，還有櫻桃的果肉欸……」

我蹲下一看！咦？對吼～我剛才有偷吃客人走後留下的櫻桃欸……全部的人笑成一團，原來我是吃了櫻桃才吐出紅紅的液體。媽媽笑著說：「吼～阿獎，妳眞的很天兵欸，還胃出血，妳是要嚇死我們喔？」哈哈哈，我自己也鬆了一口氣，差點被自己的天兵嚇死！

後來做久了才深刻體悟，這份工作眞不是想做就能做得下去，每天晚睡又要喝那麼多酒，若是身體條件不允許，怎麼可能一直做下去？還好我的胃很挺我，在那個每天都要喝一堆酒的歲月裡，一直努力支撐著我，我很感謝它。

媽媽送的這隻錶，到現在我都還好好留著，雖然自從離開 Group 後，我再也沒拿出來戴過，但在我心裡，它一直是一份珍貴的禮物。雖然經過二十年，它已經在不知不覺中留下了些許歲月斑駁的痕跡，但它代表著當年媽媽對我的期許，也代表著當下我對自己的期許。

# 24
# 是結束也是開始

就在我收下媽媽送我的浪琴錶，並且開始更賣力工作後不久，壞消息來了……

印象中，才過了沒幾天吧，媽媽就跟我說：「阿獎，深田好像過一陣子要被調回去日本了。」

什麼？深田要被調回去日本了？怎麼會這樣！我才剛認識他耶，也才剛跟他感覺來電欸，在客人裡，他算是對我最好，也是跟我最合拍的，怎麼會這樣？這樣叫我之後在條通的日子要怎麼過？他是唯一一個可以讓我放鬆的客人啊……

當時內心眞的覺得很害怕，對我而言，感覺好不容易才在店裡有了個靠山，現在，山卻突然要倒了。我不敢相信的再次跟媽媽確認，媽媽卻好像早已習慣，冷冷的說：「我騙妳幹嘛？他們日本總公司傳來的風聲，說準備要調他回日本了。算算日子，他來臺灣都快五年了，是差不多該被調回去了，所以這個消息的可信度應該是蠻高的。」

對吼～我怎麼忘了他已經來好久了啊？他是個老鳥啊，在林森北路的條通，他還是我的前輩呢！日本人是每隔幾年就會輪調的，我居然忽略了這點。可是我才剛覺得在這裡抓到一根浮木，也正準備接受他的追求，跟他好好談一場戀愛。老天爺也太會捉弄我了吧？我才剛開始嘗到被客人寵愛的甜蜜滋味……

大概也只有我這個菜鳥才會對這種已經來臺灣那麼久的客人動心，我能改變什麼嗎？不行！我完全無能爲力。瞬間，我意識到必須在最短的時間內收回對他的感覺，但已經心動的我，又豈能輕易做到？

這就是條通女人的宿命，很無奈，卻也很眞實，我們什麼都改變不了。

深田是我條通的初戀，卻也只是我條通生命中的一個短暫過客。我跟他之間，在正準備要開始的時候，就無奈被宣判結束。

條通的女人註定每五年就會失戀一次，這就是我們在被這些客人追求與寵愛之後要付出的代價，有人一哭二鬧三上吊，吵著要對方留下來或帶她回日本，但談何容易？他們既有家室，又有良好的社會地位，帶小姐回去幹嘛？還是要他爲了妳留下來，放棄一切一起喝西北風嗎？

不會，頭腦正常的男人都不會這麼做，因爲他們都知道這只是一場遊戲一場夢（怎麼感覺像在打歌）。更何況，妳越鬧，男人只會離妳越遠！也有人表面看起來乖乖接受事實，卻在男人離開臺灣後，越做越想不開，鬱鬱寡歡做不下去，然後黯然離開條通。

所以，不必費力掙扎了，這種時候，認清現實，趕快整理心情好好再出發才是最重要的！因爲，這就是所謂的條通男女愛情遊戲，既然是遊戲，就有遊戲的規則，玩不起、輸不起的，只會出局！而且不但出局，還會因爲牌品不好傳了出去，以後就沒人敢跟妳玩了。

於是，我打算有始有終，盡快跟深田做個道別。在深田回國前，調整好自己的心態。做好心理準備後，再約他私底下吃一次飯，就當作跟自己的條通初戀心情好好做個告別。我不想拖，我希望能勇敢直視自己的傷口，因爲我知道，若不好好治療它，重情的我或許會一蹶不振！

現在回想，老天爺也算疼我的，讓我幸運的在剛進去這個環境沒多久就碰到這樣的震撼教育。畢竟，趁我還沒用情太深的時候被宣判結束，總比已經愛到無法自拔再發生來得好吧？

# 25 新的愛慕者

自從聽到深田快要回日本的消息，我每天都無精打采。就在這個時候，我的身邊居然出現了一個對我還不錯的粉絲，而且他在我的條通歲月裡，還跟了我很長一段時間。

他的名字叫中田（咦？爲什麼我跟田那麼有緣？）中田通常都是自己一個人來的，他是大阪人，一口濃濃的關西腔，我們在學校學的日文是標準關東腔，所以他說的話我其實剛開始聽不太懂。他爲了讓我聽懂，總是會盡量說著關東日語。

在我出現在這家店之前，他似乎是那種偶爾會來我們店的出差客，也就是說，只要他有來臺灣，就會晃來我們店坐坐。

他長得斯斯文文的，也稱得上好看，三十六七歲左右，中等身材，身高大概一七六公分，讓他穿起西裝來很是好看（這個身高在日本人裡不算矮的了）。說白了，看在二十六歲的我眼裡，比起 Group 裡動不動就五六十歲的歐吉桑，他是個斯文帥熟男！

但不知爲何，他的眼神永遠是無辜呆萌的（很像我國高中時期最愛的加菲貓），日本人形容眼睛有兩種，一種是狐眼，一種是貍眼，我的眼睛形狀是偏細長的狐眼，而他就是比較偏圓的貍眼！

媽媽把我介紹給他，他就像我們女人看到櫃姐端出喜歡的皮包包款那樣暗自竊喜，想笑又不敢笑，暗爽又害羞的拿著酒杯對著我，一字一字慢慢說：「妳好，我是中田。」我也很客氣的回敬他：「你好，我是敦子，初次見面，請多多指教。」

後來聽媽媽說，中田喜歡高挑修長的女孩子，我們店裡的女生是 Group 裡最高的，難怪中田只要到臺北出差就會過來巡看看，有沒有出現他的菜。

才初次見面，我就發現他的酒量不太好，沒喝幾杯，臉就紅了起來。我跟小媽媽負責他這桌，因爲深田的事，我實在有點提不起勁來招呼他，但我卻發現他很愛看著我，一直害羞的對著我呵呵呵傻笑。

我發現他是喜歡我的，爲什麼這麼說呢？很簡單，因爲無論我問他什麼，他都很認眞的整個身體面向著我，一直看著我，然後滿臉愛意的回答：「いいよ～」

比如我說：「中田桑，我們唱歌好不好？」他會說：「いいよ～」我說：「我再幫你倒點酒好不好？」他也會說：「いいよ～」我說：「玩吹牛好不好？」他明明不會玩，卻也會說：「いいよ～」

很快，小媽媽就識相的坐去倒酒的位置讓我自由發揮了！畢竟小媽媽經驗老到，連我都看出他喜歡我了，小媽媽又怎麼會看不懂？

他一直臉紅紅的認眞看著我，讓我實在不知道該怎麼回應他，被他看到很害羞又不知所措的我，只好想辦法分散他的注意力（所以我一直叫他喝酒），雖然媽媽早就交代過我們要盡量跟客人聊天，不要主動找客人唱歌或遊戲，可是我被他一直盯著看，實在全身彆扭死了，超級不自在！

當然，多了一個粉絲愛慕者對我們小姐來說，很好。但是問題來了，他不駐臺。半年三個月才來一次的他，只能爲我提供一點點的業績，嘗過駐臺的深田的甜頭，我已經知道我目前最迫切需要的，就是一個駐臺又有高額交際費的日商高層主管！所以老實說，我對他其實是提不起什麼興趣的。

但偏偏，他一開口唱歌，就點了一首浪漫曲風的歌（我可是愛浪漫的雙魚啊）。重點是，他的嗓音柔柔低低的，還帶點性感的沙啞，聽起來實在是很溫柔又舒服，加上站在舞臺上深情款款對著我唱，他的嗓音對我來說簡直有種魔力……

自那之後，愛聽歌的我，配上很聽我話的他，所有我想聽的日文歌，只要他會唱，都願意唱給我聽，他簡直就變成了我的人肉點唱機，我也很享受這種被當成女王的感覺。

人就是這樣，他讓我感覺他是好好先生、沒有脾氣，我也就像個小孩一樣，在他面前越來越任性，越來越放鬆做自己！

就這樣，他出差來臺的那五天裡面，我見他那麼迷我、那麼聽話，我也就打鐵趁熱直接開口約了他同伴。雖然他說他幾乎每天都有拜訪客戶或被招待的行程，但對於眼前被我迷得團團轉的他，我是有把握的！（男人，愛與不愛是兩張不同的臉，只要他對妳有興趣，再忙，都能抽出時間陪妳吃飯。）

終於，他看了看日程表，說：「阿獎，我明天就能從新竹趕回來跟妳吃飯！」於是我們非常快速約定了明天同伴。

才剛認識的他，一點都不像客人，他的好脾氣讓我感覺沒有什麼距離感，雖然他大我十幾歲，但完全沒眉角，也不會像 Group 裡有些大老闆那樣端著，跟他相處起來很輕鬆，雖然我並不喜歡他……

我問他要吃那家餐廳？

他說：「聽阿獎的！阿獎愛吃什麼我們就去吃什麼！」

於是，我挑了晶華酒店的牛排館，打算預先補償即將心碎一地的自己，明天，我要好好怒吃一頓。

# 26 他是M？

約定同伴吃飯的時間一到，中田果真乖乖出現在晶華酒店的大廳等我，我見他憨憨的、喜孜孜的從正前方筆直朝我走來，我心想，這個客人應該是好應付的。

我們一起走進晶華酒店的牛排館，服務人員帶位招呼我們坐下來，服務生把菜單先遞給中田（畢竟我看起來就不是他們這種牛排館的主力消費客層），中田很紳士的直接把菜單交給我。我翻了翻菜單，才知道牛排也有那麼多講究！而這裡，隨便最便宜的一客牛排就是兩千多塊！

幸好我經過深田請客的松阪牛震撼教育之後，已經漸漸可以做到面不改色享用這些高價餐廳了，於是我直接點了愛吃的菲力牛排。

中田見我想都不用想點了菲力牛排，居然暗自笑著說：「哦，原來阿獎喜歡菲力啊……」

我心想：「眞是個神經病，本姑娘喜歡吃菲力有什麼好笑的？你到底在爽什麼？」

必須聲明一下，通常我們跟不熟的客人吃飯是會假仙的讓客人幫我們決定菜單，也就是讓客人全權做主。但面對中田，我一點都不想假仙，所以，直接不用客氣點下去就對了！學習能力不算差的我，其實進來條通沒多久，就已經在不知不覺中，潛移默化學會了試探客人的底線。

我一邊吃，一邊看著他對我傻笑，我看得出來他很喜歡我。他越喜歡我，我就越能做自己！

吃完了飯，我帶著他坐上計程車，直接來到店裡。我實在不想一直看到他忽視眾人，對我深情款款的眼神，所以只好拉著他唱歌給我聽。不久後，又來了一桌客人，媽媽和前輩們都去招呼另一桌了，我陪中田在舞臺上繼續聽他唱歌，他見身旁沒人，忽然把臉貼近我、直視著我，那個距離近到他的臉都快碰到我的鼻子了，我清楚感受到他的鼻息！他要幹嘛？他要吻我嗎？

我下意識想閃躲這個讓我尷尬的舉動，於是反射動作用手拍他的臉，想把他的臉拍走。沒想到，我這一個舉動竟然讓他嗨了起來，被我拍了一下臉的他不但沒生氣，居然轉過頭來跟我說：「阿獎，大力一點好嗎？」

大力一點？再大力一點就變成打你了欸……

於是我說：「不行啦，再大力一點你會痛的。」

他居然非常認眞的說：「沒關係，只要是妳打的，我都喜歡，妳就再打一次吧！」

我猶豫了一下，好吧，你要我打我就打吧！就這樣，在他渴望被打的眼神下，來來回回打了他臉好幾下，他看起來似乎很享受，既然如此，我也就越來越放心下手，直到最後一聲「啪」！在他臉上清楚留下一個紅手印，他，他居然生氣了！是你叫我大力一點打你的欸，不是很享受嗎？不是越被打越開心嗎？他翻臉買單走人，留下一頭霧水，不知犯了什麼錯的我……

他離開後，媽媽對我說：「阿獎，他叫妳打大力一點，妳還眞的越打越大力喔？」

我說：「對啊！是他要求我的啊！」

媽媽說：「再怎麼樣他都還是客人，他要求妳打，妳可以打，但不能眞的打啊！」

是的，像中田這種客人就是所謂的M，他們享受著這種感覺。話雖如此，我們分寸還是要拿捏好，而我也在中田身上學到了一課，客人再迷妳，他終究還是付錢的客人！千萬別像我一樣打著打著上癮了，猛打、認眞打，他們還是會生氣的。

我這才知道，伴君如伴虎。客人永遠是客人，就算看起來再溫和，就算對妳再百依百順，回歸原點，他始終還是客人，哪時會突然跟妳翻臉，妳永遠不會知道。

各種人與人之間相處的分寸拿捏，也是我們必學必經的一道課程，雖然不久後中田氣消了又回來找我，但從那次事件之後，我確實學到了教訓，再也不敢認眞猛打他了。

在條通，這種M型客人其實並不多，不過多年後，我又碰到一個躺在店裡地毯上，叫我用高跟鞋踩他重要部位的客人。當然，這次我學聰明了，就算他一直央求我，我也頂多只敢順著當下的氣氛，做做虐待的樣子而已。對於這樣的客人，我哪敢再把他們的話當眞？

# 27 離別禮物

深田或許一直忙著與新人交接，所以這陣子很少來店裡，而我也因此變得很少有機會能看見他。我按捺不住想見他一面，當面確認調派命令眞假的心情，於是，打了電話給他。

接到我的電話，深田馬上就答應我的邀約，說：「週六我有空，我們去老爺飯店裡的『中山』吃日本料理好嗎？」

根本無心管他要吃哪家大餐的我，直接回答：「好，就約那裡吧！」

那天讓我留下很深刻的印象，因爲是週六，他一身休閒又輕鬆的服裝（照例披了件薄毛衣在肩上），準時出現在我們約定的地點。

一陣子沒見到他的我，一直想找機會親口問他被調回日本的事。入座後，他問我想吃什麼？我直接跟他說：「任せます。」（請他直接決定就好。）

終於，他點完菜了。放下菜單後，他手托著下巴，深吸一口氣，然後面帶微笑看著我，我想，他知道我約他見面的目的了。（他就是這麼聰明，我都忘了，我就是被他的聰明開朗又有自信給吸引的啊！）

他見我不發一語，開口了：「阿奬，怎麼了？妳怎麼不說話？有發生什麼事嗎？」

被他這麼一問，我也顧不得什麼面子不面子的，劈頭直接問：「聽說你要回日本了？」

他一樣托著下巴，微笑點點頭，說：「妳們媽媽跟妳說了是嗎？」我說：「嗯，全店的人都知道了……」

他說：「是啊，我接到總公司的命令了，大概兩三個月後，我把工作交接完畢，就要回去了……」

這個時候，服務生端了酒和前面的開胃配酒小菜上來，可能是我看起來很拘謹，拘謹到不像平常他熟悉的我，所以他幫我的杯子添了酒，示意我一起喝點酒。我拿起清酒杯，直接一口喝光，他馬上著急著說：「日本酒妳強嗎？若不強，就喝慢一點，不要喝醉了。」

沒錯，我是心情不好，我就是想大口喝酒，因爲聽到他親口確認後，我知道我的初戀已經被判了死刑。心裡很悶，就像胸口有一口氣一直吐不出來的悶。面對坐在我正對面的他，我感覺百感交集卻又無可奈何。

他看出來了，試著安慰我，說：「阿獎，被調回日本的事，我自己也沒辦法決定，臺灣住了快五年，在這裡，我也交了很多朋友，臺灣人對我們那麼親切，我也不想回去啊，臺灣就等於是我的第二故鄉，這個消息一下來，我也很難接受。可是工作就是工作，這是命令，我也沒有辦法。」

他說的，我又何嘗不知道？準確一點來說，就算他不說，我也能預知到今天的他會說什麼。反倒是我，心裡的五味雜陳、萬般不捨，一見到他卻完全說不出口。我很想哭，可是愛面子的我不想給他負擔，於是不發一語強忍著，深怕一開口，我的眼淚就會不聽話的掉下來。

直到他從口袋拿出一個深藍色的盒子，像哄小孩子那樣哄我：「阿獎，這是我前幾天晚上下班去買的，一直想帶去店裡給妳，但最近送別會好多，我被拉著到處跑攤，今天終於有機會交給妳，妳抬頭看看好不好？我覺得很適合妳，妳喜歡嗎？」

我看著他一邊哄我，一邊認眞打開那個藍色盒子，眼淚開始不爭氣的在眼眶裡打轉……

他說：「哎呦，阿獎，妳不要哭，我有機會來臺灣出差的話，一定會回來看妳的。」

眼前那個盒子因爲眼淚變得模糊，根本看不清它的模樣。我告訴深田：「我不要什麼禮物，我只希望你多一點時間在臺灣！」

深田見我眼淚不停往下掉，越哭越傷心，趕緊拿出他的手帕幫我擦淚，並且試圖分散我的注意力，扯開話題說：「阿獎，妳靠過來一點，我幫妳戴起來看看好不好？一定很適合妳，很可愛～」

早已哭成淚人兒的我，心思根本不在那副耳環上，又怎麼會管它到底好看不好看呢？

當年快五十歲的他和二十六歲的我，無論在感情上還是理智上，他還是比我厲害的。至少他提得起也放得下，而我呢？初初踏進這個男女愛情遊戲世界的我，實在無法做到那麼灑脫，那麼收放自如。

現在回想起來，當年的自己眞的年輕得好可愛也好眞！當小菜鳥遇到老江湖的時候，橫衝直撞的永遠都是那個什麼都不懂、什麼都不怕的小菜鳥。有人說，誰認眞誰就輸了。我不知道深田是怎麼看待我的，或許他只是好玩、撩撩我、只當我是一個「條通小姐」？也或許當初若不是他被調回日本，我倆就會轟轟烈烈愛一場？誰知道呢？

總之，礙於現實，當年的他必須得狠下心來跟我說再見。但我能確定的是，當年那個傻傻一頭栽下去，坐在中山日本料理裡，眼淚止不住的阿獎，他一定到現在都忘不了！

是的，深田出現的日子很短暫，但他是幸運的。至少，在我漫長的條通十年歲月裡，他是少數能夠得到我眞心的一位。我也相信，當年曇花一現這短短的緣分，留給我倆的，是足夠一輩子回味的美好回憶。

# 28 感傷的送別會

收到離別禮物之後的沒多久，深田的送別會也終於輪到了我們店裡。我們店裡一直是他跟小島的祕密基地。他曾經跟我說，所謂的祕密基地，就是當你把一切需要戴面具的應酬全部送走之後，真正想去、真正可以放鬆心情的地方，就叫做祕密基地。所以今天的這個送別會，應該也是他臺灣海外派駐之行送別會的最後一站了吧！

那天，他們一行大概四五個人，喝得嗨嗨的，看得出來前面已經至少跑了兩攤以上，接近十二點才走進店裡。這幾個人裡，沒有上司、沒有客戶，全都是在公司裡跟他感情好又有私交的好同事，當然，跟深田感情最好、最哥倆好的小島，也一路在他身邊陪他到最後。

門一打開，媽媽帶著我們像歡迎英雄那樣歡迎他，因爲早就知道他今天會來而無心上班的我，站在人群的最後面。遠遠一見到他，滿腹委屈瞬間化成淚水，哭了出來，只見他細心又體貼的發現了我的異狀，馬上穿過人群，過來抱著我，拍拍我的背安撫我，什麼都沒多說，拉著我的手和大家一起坐下。

戴著他送我的耳環，我也趕緊拿出早就買好，準備回禮的離別禮物交給他，大家瞬間又是一陣起鬨。我看著深田拿出我細心挑選的愛馬仕鑰匙圈，對他說：「這個鑰匙圈，是我用自己辛苦賺來的錢買給你的，雖然沒有珍珠也沒有鑽石，但它上面刻了一顆地球。我想告訴你，無論你我被分隔在地球的哪一端，都請你要保重，也請你好好收藏，最後，請你不要忘了我！」

話一說完，不管旁人的羨慕眼光和起鬨，他馬上把鑰匙圈放在胸口，看著我，對我慢慢又慎重的說：「阿獎，別哭，我一定會很重視它，我也不會忘了妳！」

是啊，那時候的我倆，互相都能感受到對方的眞心眞意。他對我說，感謝在臺灣的最後時光裡，認識了我。畢竟，我的出現爲他的臺灣生活畫下一個完美句點，也更豐富了他的臺灣回憶。其實，我又何嘗不是呢？

最初的那顆心，總是最純淨無瑕的。在那個時間、那個地方，我們就是相遇了。無論時間對不對，也無論人對不對，在那一瞬間，我們都眞眞切切交出了自己的眞心！

我感謝他豐富了我的條通人生，也感謝他在我的青春歲月裡陪我走了那麼一小段。他帶著我吃了很多好吃的大餐，也教了我許多很好的人生觀，這些我都銘記在心，一點都沒忘。

有人問我現在還想找他嗎？在現今這個資訊發達的年代，若想找他應該不難。但，我不想！我希望時間永永遠遠停留在那一刻，因爲那一刻，就足夠我回味一輩子了。

翻出我一直珍藏著的他的專屬小相本，在那個手機沒有相機功能的年代裡，這些相片都是我特別跟媽媽要求洗出來送給我留念的。二十年來，其實我很少去翻看這些相片，爲了寫下這些，我拿起塵封已久的鐵盒，打開相簿，沒想到當年的回憶依舊歷歷在目。二十年過去了，看著這些照片，我的心裡還是酸酸的。眼眶竟然還會濕潤。

送別會時我哭著對深田唱了一首山口百惠的經典名曲〈さよならの向こう側〉，這也是張國榮〈風繼續吹〉的原曲，兩個版本我都很喜歡，百聽不厭。小菜鳥與老江湖的感情故事要在此下臺一鞠躬了。深田離開後，敦子也即將走向另一段不同的旅程……

# 29 爸爸桑

大家都聽過媽媽桑這個詞，但其實我們也有爸爸桑（パパさん），爸爸桑就是媽媽的正牌男友。

那天，一睡醒就收到媽媽的簡訊通知，要我們大家晚上一起集合在條通某間日本料理和客人一起吃飯。

我依約準時出席，我們一行人大概八九個，除了女生之外，還有兩三個臺灣客人和一位日本客人。

這個日本客人長得很嚴肅，身邊的臺灣客人對他也都是畢恭畢敬的，感覺很有威嚴。但他卻對我們幾個女生異常照顧，舉凡提醒我們不要客氣、盡量夾菜，一定要多吃點，還會叫我們在吃飯時少喝點酒……照顧得無微不至。

他說：「我是自己人，跟我吃飯時不用陪著喝酒。妳們只要負責盡量吃，開心吃飽就好。」

媽媽就一直坐在他的身旁，我並沒意識到什麼，只是覺得這個客人還眞不像一般客人，也太會照顧人了吧。結果，搞了半天原來他才是我們媽媽的正牌男朋友，我進來那麼久了，居然今天才發現這個不是祕密的祕密。（前輩們都知道，只有我不知道。）

可是，奇怪了，媽媽不是已經有中野先生那位嗨嗨桑了嗎？我一直以爲他就是媽媽的男朋友啊，原來不是！嗨嗨桑只是嗨嗨桑，他只負責說嗨，說穿了，只是工具人而已，媽媽的正牌男友並不是嗨嗨桑。

這天，我第一次見到我們的爸爸桑，他並不派駐在臺灣，在日本總公司位高權重的他，其實久久才來臺灣出差一次，他姓荒木。

他很瘦，一頭卷卷的頭髮，總是黑色皮夾克配牛仔褲，戴個細框金邊眼鏡，聲音低沉渾厚又性感。（讓我想起以前那個年代的廣播情人李季準。）

我觀察到荒木先生在晚餐時似乎胃口很小、不太吃東西，進了店裡，他也只吃他最愛的葡萄，後來才知道，他因為生病的關係，不久前才剛做了切胃手術，難怪他那麼瘦啊……

平時在嗨嗨桑面前高高在上，像個女王的媽媽，在荒木先生的面前卻像個賢妻良母，她一路關心、細心的照顧著荒木先生，跟平時我們看到的那個酷樣完全不一樣！

店裡甚至有荒木先生專用的水晶刻花威士忌杯（一般客人都是玻璃杯），可見他的分量不管是在我們店裡，還是在媽媽的心中，是多麼不一般。

厲害的是，媽媽把那位看報紙的嗨嗨桑訓練到配合度極高！知道荒木先生來臺的日期後，媽媽早已下令中野先生這幾天不准來店裡。媽媽給中野先生的說法是，這幾天店裡預約都很忙，你別來，我們沒空招呼你。

天哪！我看在眼裡，心想，要把一個男人訓練到這樣服服貼貼，叫他站他不敢坐、叫他往東他不敢往西，實在太令人佩服了！而且他是客人耶，叫他不准來？這是哪招？

我突然可憐起嗨嗨桑來了，中野先生明明人就那麼好，對媽媽幾乎做到百依百順的他，到底爲何得不到媽媽的心？是的，即便他脾氣再好，即便他的交際費額度都上繳給媽媽自由支配，即便媽媽的要求他總是說はい……但，他始終還是得不到媽媽的心。

沒辦法，我們的工作就是這樣，對這些我們不愛的客人，該心狠時決不能心軟！很多時候，心軟給我們帶來的，確實只是麻煩。

在這裡，沒有什麼誰應該愛誰這回事。我看到的是，眞愛一定有，但不見得就是給那個對自己最好的人。唯一能保證的是，在這種環境裡，錢花得多、花得漂亮，一定能得到虛情假意。至於眞心，那種飄在空中無形的人間至寶，還眞的沒那麼簡單輕易到手！

但偏偏很多男人都有追捕獵物的本能，妳越跑，他越追，妳越不給他追，他就越想要追你。這是一種征服感，是一種成就感，也是一種會讓人嗨的快感。

通常在Group裡，沒錢的就別談了，但有錢總是有機會賭一把的。有錢的男人都相信，只要我肯花，總有一天感動妳！因爲，錢可以滿足很多事情。但事實上眞是如此嗎？那可未必！

雖說未必，但至少是有機會的，相比那些消費不起的客人來說，至少你能拿到愛情遊戲的入場券，也至少，總會有人願意看在錢的份上演戲給你看！

除非你帥到像金城武或木村拓哉，否則，還眞別以爲人家願意理你是因爲你帥。這就是條通現實的地方，也是吸引男人的地方，畢竟幾乎每個男人都想證明自己寶刀未老，證明自己還是很有魅力的。在辛苦工作之餘，當你有錢又有閒了，機會來了，誰不是躍躍欲試，想玩一把這種愛情遊戲，試試自己的運氣？

這些有錢的高階主管們都自認是高手，但高不高手可不是自己說了算！許多自以爲是老船長，不會暈船了，最後卻發現，不知不覺間，心已經被抓走。

在條通的愛情遊戲裡，錢不見得花得越多越有勝算，花錢也是一種藝術，要怎麼花才不會被人當盤子？要怎麼花才能讓小姐慢慢被你感動，欣賞你，甚至愛上你？這些，還眞是一門很深的學問。

媽媽和荒木先生，是我在條通親眼看見的眞愛之一。可惜的是，我們身邊的客人都是有家室的，再怎麼愛，他永遠都是別人的。至於嗨嗨桑中野先生，他若不想醒，永遠沒人叫得醒他。因爲睡夢中的他，才是幸福的。

# 30 洗牌

在Group，也有像打麻將那樣重新洗牌的時候，那就是日商主管結束外派駐臺，換下一任新人來接手工作的時候。

爲什麼我們消息這麼靈通呢？其實很簡單，因爲送別會。別忘了，Group的八家店有三種型態在營業，可以說是幾乎壟斷了那個年代裡所有金字塔頂端的日商喝酒夜生活！無論他們今晚是想一個人安靜喝幾杯，或是有應酬需要帶客人嗨一下唱個卡拉ＯＫ，甚至想尊榮的讓專屬琴師配合你的節奏……Group幾乎都可以滿足他們的需求。於是，這些高階主管們的送別會、迎新會、忘年會之類的，也就幾乎統統辦在這裡！

當他們開始辦送別會的時候，也就是各家媽媽桑摩拳擦掌準備重新洗牌，重新抓大咖的時候。一般來說，當年這些駐臺高階主管的駐臺年限大概都在五年左右（當然也有更短或更長），時間到了，他們就會被總公司調派回日本，總公司當然也會再派新人過來臺灣接替。聽到關鍵了嗎？「新人」！我說過，新人總是最新鮮也最傻（不是頭腦傻喔，是指對環境眉角都不熟）。

大部分在臺灣的日商裡，日本總公司會從日本派幾個日本人過來盯場，外派過來的老大通常職稱都是總經理（公司所有日本人裡最大的），而媽媽們的嗨嗨桑或男友也通常都是總經理，總經理在條通有什麼作用呢？既然總經理是老大，手上能用的資源當然最多，交際費也最多啊！從歷任總經理身上，大概可以看出他們公司的交際費預算，所以若是新來的總經理能被抓在自己手上，多好啊！瞬間店裡的業績就能多個幾十萬。（每間公司交際費預算都不一樣，但因爲有舊任的消費力道作爲參考，當然交際費越多的，媽媽越有興趣，也越會使出渾身解數，想嘗試爭取一下。）

然而，這些總經理一般來說，通常也只看得上媽媽桑（畢竟能把到媽媽，比把到小姐更有面子，更能代表自己的行情。）如果以愛馬仕包包來比喻的話，小姐就是一般的牛皮包，媽媽才是象徵身分地位的尊貴鱷魚包。那可不是一般小資路人買得起的，沒點實力，沒認眞貢獻，鱷魚皮包你連摸都摸不到，更別說直接拎上身或帶回家了。

最近，聽媽媽說某公司的總經理要被調回去了，並且打算開始在 Group 某分店辦送別會。那位總經理也是那家分店媽媽的男朋友，說白了，也就是那家分店的一根「條阿咖」。聽到這個消息，我知道洗牌的時候到了……

果然，那一陣子在馬拉松式的送別會送走舊人後，這位新來乍到的某日商總經理的名字，開始時不時出現在我們耳邊。正因爲還不知道這個新咖會花落誰家，也就只有在這洗牌的時候，才能看到八家店媽媽們那股隱隱較勁的感覺。

媽媽桑們會像好姐妹那樣聊著這位新咖，見過他的，會嬌滴滴、嘻嘻哈哈聊著他的長相、他的服裝品味、他的球技，甚至聊著他討不討大媽媽的歡心。畢竟若能讓大媽媽喜歡，自己也是臉上有光，而還沒見過他的，自然也是仔細拉長耳朵，似有意若無意，好奇認眞的聽著。

當時還在努力想要忘掉深田，正在治療情傷的我，完全沒有料想到，這張重新洗出來的牌，竟然會洗到我這個局外人小咖的身上，更沒想到，他還是我條通生涯裡，最最重要的貴人。

# 31
# 話題人物

深田回國一兩個月後的某天，這陣子 Group 最紅的話題人物終於踏上了我們家的大門。

我記得，那天店裡生意冷清，媽媽見店裡沒人，走進櫃檯打了一通電話給嗨嗨桑，只見大約半小時，嗨嗨桑就乖乖出現在店裡了。

我們幾個女人，因爲現場沒有別的客人，所以全都圍在嗨嗨桑身邊，媽媽也坐在嗨嗨桑旁邊，有一搭沒一搭想辦法擠出話題跟嗨嗨桑聊天。

老實說，看得出來媽媽跟嗨嗨桑眞的聊不太起來，因爲嗨嗨桑其實話很少，反應也不大，套句現在的形容詞，就是個句點王。跟這種不會聊天的男人聊天，說眞的，還眞是無聊到爆，根本聊不起來。還好，正當大家覺得無聊的時候，當下最紅的話題人物粉墨登場了！

訊號燈亮起，有個人單槍匹馬站在霧面玻璃門後面，媽媽離門最近，直接、馬上就從中野先生身旁的吧檯椅起身，趕緊去開門（可見媽媽多不想陪嗨嗨桑），我跟前輩則保持不動，被留下來照顧中野先生。

說也奇怪，走進門來的這個客人，他的眼神明明就透露出初次來到新環境的陌生與好奇，而且對我們所有人來說，他也明明就是個從未謀面的新客啊，怎麼媽媽的臉上卻異常堆滿了笑容呢？又爲何媽媽看起來像是早已認識他了呢？

媽媽手腳俐落的直接帶他在吧檯坐下（通常一個人來店裡的客人，我們都會安排在吧檯），嗨嗨桑和他分坐在吧檯兩端，媽媽熱情招呼著新客，只見嗨嗨桑無奈的偷偷瞄了開心的媽媽一眼，便低下頭去，然後從外套口袋裡拿出了巴掌大的日本詩集，自顧自的閱讀、解悶了起來（這種事也眞的只有他幹得出來）。

我跟前輩也覺得被留在中野先生這裡實在很無趣，加上跟常常見面的嗨嗨桑眞的是沒什麼好聊的，於是也偷偷從旁觀察媽媽和那位新客的互動……

媽媽在新客身邊顯得很開心興奮，跟在中野先生身邊相比，只能說一個是天堂一個是地獄。

原來，前幾天 Group 舉辦的高爾夫大賽，大媽媽帶著各店的媽媽和條阿咖、熟客們，早已跟他一起打過球也吃過飯了，難怪媽媽一見到就知道他是誰。只是他畢竟還是新人，所以八家店都得抽空去拜拜碼頭、打打招呼，打著打著，今天也終於輪到我們家了。

我永遠記得我看見他的第一眼印象，因爲他穿得很休閒，非常不像 Group 的客人！既沒穿西裝，也沒穿一般休閒服，他穿了一件黑色 Adabat 高爾夫球衣，領子微微翹起，配上白色短褲，以及那種歐吉桑才會穿的黑色眞皮涼鞋，頭上還戴個紳士草帽（風格有點像電視主持人張菲），這是什麼打扮啊？他好大的膽子，大媽媽明言規定，服裝不夠正式不准來我們 Group 喝酒的耶，他居然穿短褲？

更妙的是，媽媽居然連考慮都沒考慮一下，就這樣直接放他進來？放他進來也就算了，還一直對他笑嘻嘻的？這也太詭異了吧！在那個瞬間，我們幾個女生都看傻眼了，但心裡也都大概有個底了，這個客人不一般！

我繼續偷偷觀察著他，他一坐下，就落落大方的把菸拿出來放在桌上，稍微環顧一下四周後就不多看，靜靜坐著。媽媽問他要喝什麼酒？他說他要開當時很少人開的，一瓶一萬二的「山崎」（這酒有個特殊的味道，我不喜歡）。

接著，媽媽遞上擦手毛巾給他，他一邊擦著手，一邊喬了喬姿勢，很自然的把背放鬆靠在椅背上，輕鬆聽著媽媽和他說話。

戴著金絲邊眼鏡的他，一臉就是老闆樣，在這裡，我不會用氣場很強來形容他，但他給我的感覺就是很穩、很老神在在。爲什麼這種態度會讓人訝異呢？拜託，我們是「姬Group」耶！哪個客人第一次來不是招兵買馬揪人來壯膽啊？少說也至少要兩個人才敢踏進來吧！Group的名氣這麼大，只要是聽過的人，多多少少應該都有一點點敬畏啊！就像初出社會的新鮮人想要逛逛精品店，哪個不是要揪個伴才敢踏進去呢？嘿嘿！他還眞就不是！

他不但不是，還一踏進門就讓一家店裡最大的店長，也就是我們的媽媽桑，主動對他熱情又客氣。

沒錯，這就是他，天不怕、地不怕的他，也是獅子座O型的他！

# Mr. 32
# Sayo

俗話說得好，沒個三兩三，不敢上梁山！是的，若沒有足夠的底氣、足夠的見識、足夠的自信，他又怎敢一個人在Group裡闖來闖去的呢？

媽媽與他的話題，聊的幾乎全是打球的事情，三不五時，媽媽也會提到其他店的媽媽桑，試圖了解他到底對哪家媽媽比較有好感。

我知道媽媽在試探他，也知道媽媽深知自己並不是那種會受男人歡迎的女人（因爲我也是），所以我完全能懂，媽媽以退爲進想先從朋友做起，增加他對自己的好感。（做不了女朋友，做個紅粉知己也不錯。）

媽媽開始推銷起自己在Group的兩位閨密媽媽桑，爲什麼要推銷自己的閨密呢？

哎呦，眼前這位每個月都能貢獻幾十萬的新咖，就算不是自己抓到，至少也希望能做個人情，推給自己的閨密嘛，畢竟八家店的媽媽桑表面看上去大家都是好姐妹，但其實私底下也是有小圈圈的，當然不希望肥水落入不是自己好朋友的田啊！

但偏偏從他的口中，媽媽什麼都探不到，無論媽媽聊到哪家媽媽桑，他都只是微微抬高尾音、禮貌性淡淡回應：「啊……是這樣嗎？」

媽媽見他反應冷淡，只好換個話題，於是，媽媽開始好奇問他：「對了，你爲什麼穿短褲來呢？」

只見他一臉莫名其妙的說：「怎麼了？不行嗎？」

媽媽笑著說：「也不是不行啦，只是這樣子的穿著，若被大媽媽看見，你會被唸喔……」

通常這種情況，若是一般客人，肯定會馬上回說：「啊！是這樣子啊，抱歉抱歉，那麼我以後會注意的。」

但他不是！他居然還是一副無關緊要的說：「嗯……是這樣嗎？爲什麼不行呢？我覺得我這個樣子很可愛欸。」

此話一出，媽媽傻眼到完全不知道該接什麼話回他。旁邊的我與前輩聽到後，也都忍笑忍到差點噴酒！對，他就是一個不按牌理出牌，不肯循規蹈矩的人。想要用 Group 的那套制約他，似乎沒那麼容易。

終於，媽媽發現自己冷落嗨嗨桑太久了，於是起身示意我和前輩跟她換位置，礙於我和前輩都不是媽媽桑等級的，所以我們無法像個平輩一樣與他平起平坐，坐在他的身旁，我們只能站在吧檯裡，站在他的正對面，隔著桌子陪他聊天。

我讓前輩站在主位，我則站在比較靠側邊做酒的位置，因爲我們跟他都不熟，所以讓前輩主導與他聊天的節奏與內容。

我們一過去，他就像他才是店員一樣，親切開朗的語氣舉杯說：「妳們好，我是佐用，my name is Sayo，初次見面，請多多指教啊……」

天哪！他比我們還放得開，比我們還像營業！

我一邊小心謹慎回敬他，一邊趁機仔細研究他。他一身被太陽晒得黝黑的皮膚，手上戴著一隻黑橡膠錶帶的運動防水錶，感覺就是很愛打球、很愛運動。雖說已經五十幾歲，有點小肚子，但感覺他很結實、挺壯的，胸膛也感覺很厚實，臉上的鬍子則是刮得超級乾淨！

臉上幾乎沒有皺紋的他，皮膚、氣色都很好，短短的頭髮，髮色黑亮黑亮的，髮質也很好，眼睛大大又有神，長長的人中，薄薄的嘴唇，一排整齊潔白的牙齒，哈哈大笑起來完全掩飾不了他的直爽與開朗，不但如此，他還有五十幾歲男人少見的幽默逗趣和自嘲，我心想，這個客人還眞是可愛啊……

跟其他的條阿咖相比，他給人的感覺超級有趣，比年輕人還年輕，難怪他都來了兩三個月，話題卻能一直持續發燒不退。

我一直是個不喜歡跟人家爭，不喜歡湊熱鬧，更不喜歡當老大的人。就像每次看到哪間店排隊，就算再想吃，我也不會硬擠著去排去買，我會等到熱潮退了再去試看看。

我知道眼前的他正紅，反正他紅他的，說白了，也跟我無關。到最後，他自然也會被某個媽媽收服，所以我一點也不想自討沒趣試著抓他。

何況當時的我跟他，身分地位也一點都不般配，他的歷屆前任身邊配的都是媽媽桑啊，我呢？連個小媽媽都還不是，在 Group 裡也不是什麼大家都知道的紅牌小姐，怎麼消受得起他動輒幾十萬的交際費恩寵。

自從那天之後，他又陸陸續續來了兩三次，每次也都只是稍微坐坐聊聊罷了。可能因爲他愛打球，所以媽媽常常約他打球，每次打完球，他也總會回禮性來店裡坐一下，捧個場。

所以我也就一直以爲他欣賞我們家獅子座媽媽的哥兒們個性，也有可能，他已經跟我們媽媽開始來電了。總之，Who knows！我一點也不在乎。因爲他對我來說，就像雲上的人那樣，我們不在同一個樓層。

仔細回想，我確實不覺得我哪裡吸引到他了，我跟他在店裡相處的時間並不多，每次他來，也總是媽媽陪著他，我從沒感覺到我跟他有聊得比別人開心，也沒有什麼眼神帶著愛意看著我之類的美好情節發生。我實在想不透，我到底是哪時候開始跟他有火花了？不是我矯情不承認，是眞的沒有就是沒有！

又過了一陣子的某一天，那天媽媽八點多一進來店裡，照例準備好一切之後，坐在沙發上跟大家一起待命，媽媽不動聲色，眼睛看向前方，面無表情開口跟我說：「阿獎，妳有空的時候打個電話給佐用桑！」

……

我愣了幾秒，等反應過來後，馬上轉過頭去，瞪著眼睛看著媽媽，一隻手指頭還指著自己的臉，盡量壓低音量說：「我？」

媽媽轉過頭來看著我說：「對啊！就是妳！幹嘛？妳懷疑啊？」

我接著說：「不是啊，為什麼叫我打給他？是有什麼事嗎？」（我怕我是不是做錯什麼事惹他不開心了。）

媽媽說：「今天打完球，在回臺北的車上，我一直跟他聊天，最後快到臺北時，我問他，如果我們家要有一個窗口負責跟他聯絡的話，他希望是誰。結果他就說，阿獎。」

突然間，所有人都一片沉寂，前輩B馬上開口：「哎呦～阿獎，恭喜啊！」

我被這突然的最新消息震驚到了！空氣中也隨即瀰漫起一股詭異的氣氛。天啊！我不知道我哪裡招惹到他了，他為什麼要指定我來當他的窗口？突然之間，我腦子裡一片空白，不知道接下來的會是喜還是憂！

老天爺幹嘛給我一個這麼大的任務啦！整家店裡我最菜，他隨便找一個人都比我強，幹嘛要找我啦……

是的，我跟佐用桑的緣分從此開始，自從被這位當紅炸子雞點名之後，所有意料之外的事情，都在後面等著我。他的這個舉動，整個打亂了我的 Group 人生！

# 33 專屬窗口

接到負責聯絡佐用桑的指令後，猶豫了幾天，我抽空撥了個電話給他。第一次被客人欽點指名的我，知道媽媽給我的任務就是要拉他進來店裡消費，所以不需要想太多，直接了當邀請他來喝酒就對了！

而他，也似乎早就等著我來主動聯絡他，電話一接通，我說：「佐用先生嗎？你好，我是敦子，請問你方便說話嗎？」

電話那頭傳來他開心又熱情的回應：「啊～妳是阿獎？妳好，妳好！我不忙呦，有什麼事嗎？」

或許獅子座的他原本就是很熱情的人吧，總之，我感覺他好嗨呀！於是我直接開門見山說：「沒什麼特別重要的事，只是聽媽媽說，你選我做爲聯絡你的窗口，所以我想跟你說聲謝謝，也順便邀請你來我們店裡坐坐喝兩杯，看你哪天方便，隨時過來都可以，我們隨時都歡迎你的光臨……」

他聽完我說的話之後突然放聲大笑，說：「哈哈哈哈！哦～原來如此啊，好，我知道了。只是我這兩天正準備出差，如果可以，下週等我出差結束後回臺北再過去可以嗎？或者，我們要不要找一天一起吃晚餐同伴？妳覺得好嗎？」

我心想，一起晚餐？還主動說要同伴？好啊！當然可以啊！直接把他帶進店裡，對我來說非但有同伴費可賺，而且也算任務完成，面子還更大，何樂而不為呢？

於是我也爽快的直接回他：「好啊！我沒問題，等你回臺北後，請直接打電話給我，我們一起吃飯吧！」

他也很爽快的說：「那我們一起去吃好吃的燒肉吧！好嗎？」

燒肉？我最愛吃燒肉了耶！雖然我對這位五十幾歲的當紅炸子雞沒什麼興趣，但光是聽到燒肉我就開心了，瞬間心裡也多了份能開心吃燒肉的期待，畢竟 Group 的客人一般都不會小氣，加上牛肉的部位、價位都分得很細，有人要請客吃燒肉，我自然也能吃到平時自己捨不得點的上選部位啊……

總之，無論是氣派的大餐廳還是隨便一家小餐館，只要能吃到好吃的肉，對當年那個無肉不歡的我來說，就是一件開心的事。於是，就讓他去忙他的，我也繼續乖乖上著我的班。

大約一週後，他依約自己打電話給我了，他說他昨天剛回到臺北，今晚下班後沒事，可以一起吃飯。

但前一晚喝很多的我，因爲他的邀約有些匆忙，實在懶得跑太遠就爲了吃一餐飯，加上大我一倍的他也不可能是我的菜，所以當他問我要去哪裡吃的時候，我就選了個條通裡的小小燒肉店。心想這樣也好，不要第一次吃飯就讓他以爲我故意敲竹槓，挑個昂貴的氣派餐廳，反正我的目的不是吃飯。就隨便吃吃，趕快把他帶進店裡去吧！

時間一到，我準時出現在餐廳門口，卻發現他早就坐在餐廳門口的菸灰缸候位區旁邊，一邊抽菸一邊等著我。我不好意思的趕緊走上前跟他打招呼，他遠遠見到我，臉上便慈祥又和藹的掛滿笑容，還熱情抬起手來跟我揮手，一邊嘴裡慢慢說著：「妳好~妳好~」

不知道他有早到習慣，第一次比客人晚到的我，實在覺得自己很失禮，嘴裡也一直跟他道歉，但他卻一直客氣的說不關我的事，是他不好，他太早到了。就這樣你一來我一往的，他笑著說：「好好好，我們都別道歉了，趕緊進去吃燒肉好嗎？」

說的也是，我們誰都沒錯，幹嘛一直互相道歉呢？這就是日本人跟不熟的人的相處模式，我也因爲跟日本人相處久了，不知不覺中，染上這個莫名其妙動不動說抱歉的習慣。

被他這麼一說，我們同時對視，噗哧笑了出來。人就是這樣，就這麼簡單的會心一笑，也彷彿瞬間拉近了我們彼此之間的距離。

# 34 暖心的伴手禮

我們一起走進燒肉店，入座後，他告訴我他最愛吃燒肉了，尤其是內臟大腸，他說這個烤起來很香又有嚼勁，配啤酒最對味。我對內臟完全不感興趣，於是他幫我點了上選的牛小排、牛五花、牛舌和綜合蔬菜加沙拉。

服務生點完餐離開後，他替我也倒了杯冰冰涼涼的啤酒，舉杯跟我說：「辛苦了啊，阿獎！」（這是他的口頭禪，打招呼用語。）

我跟著喝了一口冰涼的啤酒，卻發現他彎下腰，從自己的腳邊拿出剛才從門口一直拎著的兩大袋機場免稅店袋子。他一邊拿起袋子，一邊對我說：「阿獎，聽媽媽說妳跟外公外婆住是嗎？我回去日本出差，心想現在天氣漸漸變冷了，臺灣的室內不像日本，都沒有暖氣，所以買了兩條電毯和一些日本很暢銷的胃藥、消化藥之類的家庭常備藥給妳放在家裡。還有，因為我不知道妳愛吃什麼，但猜想女孩子都喜歡吃甜點，所以挑了有名的文明堂蜂蜜蛋糕和一些機場亂抓的各種口味餅乾糕點。」

他接著說：「喔，對了！我還買了一瓶洗眼睛的洗眼液給妳，這個很舒服喔，洗起來冰冰涼涼的，我發現這個臺灣好像還沒有賣，妳下班回去可以試試看！」

我進條通那麼久了，第一次碰到像他這樣溫暖的客人。喜歡我的客人其實並不少，畢竟當時的我年輕又貌美，但是像他這樣連我身邊的家人都會連帶想到，甚至願意花心思一起關心照顧的，沒有！一個都沒有！更何況我跟他其實根本還不熟。

當下，一股暖流湧入我的心頭，就像那兩條電毯插了電，緩緩的、熱熱的，溫暖了我那顆一直以來孤獨一人在條通打拚的心。

是的，我很感動，因為我是外公外婆帶大的孩子，我出生在一個重男輕女的家庭，爸媽最疼的是家裡唯一的、最小的弟弟，所以最疼我的是外公外婆，而他的這個舉動，完完全全戳中了我的軟肋。

看到坐在我對面的他，認眞解說每樣東西該如何使用的模樣，我的心裡五味雜陳，不知道該跟他表達什麼，只能傻傻說：「謝謝。」

可惜的是，他的年紀對當時的我來說實在太大，整整大了二十七歲，我無法想像自己接受一個比我爸還大兩歲的男人來對我好，但我無法明說，加上他也並沒有讓我明顯感受到追求的意思，於是我心想，不如我們就這樣做個朋友也不錯。

但偏偏有時候，緣分就是這麼奇妙，一但緣分靠近了，心也就自然靠近了。

那天短短兩個小時的晚餐，我吃得很輕鬆也很舒服，在那個小小的溫馨燒肉店裡，他的話題全都圍繞在我的工作和家人身上。他就像個鄰家的長輩，一整晚恰如其分的關心，讓我覺得自己就像個有人疼、有人關愛的孩子，他的不拘小節、他的噓寒問暖，把我照顧得無微不至！

我沒想到，這位當紅炸子雞竟然這麼平易近人，有些時候甚至讓人懷疑他到底是不是日本人，他的身上沒有一般日本客人隱約透露出來的優越感，以及日本人那些太客套的距離感。

這個第一次共進晚餐的夜晚，他讓我享受到我內心渴望已久的父愛。

# 35 發動攻勢

從那天愉快的晚餐之後，佐用開始更常出現在我們店裡，營業出身的他，當時幾乎可以說是把所有需要他親自應酬的客人都往我們家帶。

他每次來，都是帶著客人一起，而我，也僅只於乖乖做好我招呼客人的本分，並沒有去多想。

當然他的身邊永遠坐著的都還是媽媽，我不是被安排到他的重要客人身旁，就是坐在最外圍的做酒位置。總之，剛開始我很少被安排直接坐在他的身邊，因爲他是媽媽重點培養的客人。

漸漸的，我發現他偶爾會主動靠近我，會不經意並且不露痕跡的坐來我身邊，一次兩次我還沒有察覺，但久了，媽媽也意識到了，於是媽媽開始會安排我坐進去，坐在他的身邊。

某一天，店裡剛開始營業，大概九點不到，店裡電話響了，是別家分店的媽媽桑打來了，我聽不到她跟我們媽媽說什麼，但聽到我們家媽媽笑著對電話那頭的分店媽媽桑說：「哈哈，幹嘛恭喜我？恭喜什麼啦？嗯，對啊，是蠻常來的沒錯啊，但妳們都搞錯方向了，對象可不一定是我喔，現在還不知道啦……」

搞了半天，原來這位當紅炸子雞最近很常來我們家的消息在全 Group 都傳遍了，所有人都以爲是我們家的媽媽抓住了他，所以各家分店的媽媽桑也都主動來道喜了。

說到這兒，突然覺得 Group 還眞有點像宮鬥戲呢！各家媽媽之間的噓寒問暖、主動關心，何嘗不是爲了自己？畢竟探探目前最新的消息和風向，在這裡是一定要的。表面上是打個電話道聲恭喜，其實心裡盤算的都是自己，這通電話的用意就是想確定自己還有沒有抓住這個新咖的機會。

媽媽又怎麼會不知道對方的心思呢？只見媽媽接著說：「哎呀，現在是還不敢確定啦，但其實這鍋生米，若不出意外，在我們家，也應該快煮成熟飯了啦！」

天哪！媽媽哪來的自信啊？她這麼一說，等於是昭告天下了吧！電視裡搶男人不都是暗著來嗎？怎麼我們家媽媽會這麼不設防的告訴對手呢？又明明八字都還沒有一撇，幹嘛說得好像一副一定成的樣子？這也太大頭症了吧？萬一最後這朵花不落在我們家，這個牛皮豈不是吹破了？

是的，那陣子不但佐用開始對我不動聲色發動攻勢，連媽媽也開始對外發動攻勢了。媽媽的這個消息一放出去，別家媽媽桑的反應會有兩種，聰明的會開始有所顧忌，小心觀察風向，笨一點的，則會因爲著急而自亂陣腳，反而壞事。

我相信，在那個把話說得滿滿的當下，媽媽心裡是有相當把握的。因爲獅子座的她，不會讓自己丟這個臉。她某種程度上已經確信，佐用喜歡上她的阿獎了！

# 36 兩個名牌包

那一陣子，或許是走桃花運吧。就連佐用桑之前帶來的出差客，都開始主動聯繫我，想要邀約我同伴，這位客人的名字是竹內。

竹內是佐用某次應酬時熱情款待的重要客人之一，獅子座A型的他，跟獅子座O型的佐用從外型上來說，可以說是完全不同的路線。

六十歲左右的竹內走的是歐洲紳士路線，他總是穿著黑色合身高領針織衫，配上名牌有質感的深色毛呢長外套，脖子上還習慣掛著酒紅色的喀什米爾素色圍巾來襯托他的好氣色，深色筆挺的毛質西裝褲，也總是配上擦得油亮的高級皮質便鞋。

他斯文又紳士，梳個油頭，一點都沒有中年發福的體態，活脫脫就像從電影裡走出來，事業有成的有錢社長。是的，事實證明我沒猜錯，後來才知道，他果眞就是家族企業的第二代社長，是個富二代呢！

他總是笑咪咪對著我們每個人笑，我對他的印象極好，畢竟他的穿著打扮比較時尚，所以當他 email 邀約我，說他過幾天到臺北一起吃飯時，我一下就答應了。

那天下午我要上日文課，下了課還要去盤頭髮，結束後匆匆忙忙趕去晶華酒店的大廳等他，因為他就住在那裡，所以我們也就直接訂了那裡的鐵板燒，準備一起晚餐。

竹內從客房專用電梯一走出來，就笑嘻嘻跟我打招呼，嘴裡一邊說著：「妳好～妳好～」一邊笑咪咪把我來回打量了一番。

可能時間還早，他居然帶著我往晶華酒店的大門外走去。這就奇怪了，鐵板燒餐廳就在酒店裡啊，他為何一直帶著我往外走？

走著走著，他領著我走進晶華附近靠近長春路口的 Gucci，我心想，他可能想買什麼東西吧。他是有經濟能力的客人，走進名牌店也沒什麼好驚訝的。

Doorman 幫我倆拉開了漂亮又厚實的玻璃大門，進了店，只見他伸手把我揹在肩上的書包拿下，直接放在玻璃櫃檯上，並且告訴服務生，幫我找幾個差不多大小，可以裝書的包包給我挑選。

難不成他覺得我的書包很舊很破爛，想幫我換一個？可是，我的托特書包其實也才剛買半年耶，而且也是日本品牌ＩＣＢ，並沒壞啊……

於是我跟竹內說：「竹內桑，我的書包其實才使用半年，它沒壞，還可以使用耶。」

沒想到竹內居然回我：「阿獎，妳的包包我也覺得很可愛，但是它的背帶開始脫線了，我覺得妳認眞上日文課很辛苦，想送妳一個堅固耐用的書包。」

他連書包的背帶脫線都看得到？他連背帶脫個線都介意？的確就像個歐洲電影裡走出來的男主角啊……沒錯，他整個人的衣著打扮就是那麼一絲不茍，就是那麼講究！

人生第一次走進Gucci這種精品店的我，筆直站在那裡，並沒有表示太多意見。服務生跟他一人一句，拿著一個又一個的包在我身上比來比去，我只知道我肚子好餓啊，我們不是約了吃鐵板燒嗎？

終於，幾分鐘後，他迅速挑中兩個放在我面前，得意的示意我選一個。我看了看，兩個都是皮質的，兩個都很素雅，他的品味果然很好。於是我挑了個扁扁的女用公事手提包，他一臉滿意的點頭，直接刷卡買單。

正準備走出門的時候，他突然瞄到一個馬鞍手提包，連問都沒問我，他就像跟自己對話，自言自語說：「阿獎，這個小小的，妳平時出門可以拿，很實用。」我都還沒反應過來，他又拿出卡交給工作人員買單了……

有的時候，不是只有女人愛買，男人其實也很愛，尤其是碰到自己本身就愛美愛打扮的男人，只要他付得起，我想他會一直買下去。

條通的客人很少會這樣一直買一直買，非親非故的，誰會不把錢當錢花？通常客人在追求的時候是會送送小禮物來討小姐歡心，但像竹內這樣剛認識就那麼敢買的，很少。

# 37 羨慕與嫉妒

跟竹內吃完精緻的晚餐後，我們搭著計程車直接進了店裡，媽媽帶著竹內在吧檯坐下後，竹內終於肯把兩個紙袋放下了。

眼睛很利的媽媽好奇問他：「竹內桑，你去 Gucci 買了什麼啊？」

竹內一臉得意的瞄向我，告訴大家：「喔！這些都是我買來送給阿獎的。」

此時的媽媽和前輩們露出了羨慕的眼神，每個人都驚訝的提高音量：「這些全是買給阿獎的？」

大家的驚訝讓竹內笑得更開心了，他看著我說：「阿獎，來，趕快拿出來給媽媽她們看看我幫妳買了什麼。」

我打開精緻的紙袋和防塵袋，一一拿出竹內送給我的包包放在吧檯上，只見媽媽和前輩們一起發出讚嘆的聲音，並且開始捧起竹內來了……

媽媽說：「竹內桑，你怎麼那麼好啊？買包就買包，還一次買兩個？」

竹內像個救世主一樣，開心的說：「阿獎的書包都開始脫線了，她辛苦學習日文，我希望她能用好一點的書包。另一個是我覺得她日常可以用的，很適合她。」

我聽到這裡，表面雖然嬌羞陪笑，但心裡其實是尷尬到白眼都翻到後腦勺去了！你自己愛買就愛買，講得一副我的包有多破爛一樣，拜託喔，我看獅子座的你，其實是買來滿足自己的虛榮心的吧！

眼前的他，看起來很享受這種感覺。他的開心，甚至超越了我。

接著大家開始起鬨，哀著說：「哎呦，竹內桑～我的包也脫線了欸……」「竹內桑，我的包的釦子也快掉了欸……」

就連媽媽都開玩笑說：「竹內桑～其實我的手提包也用了兩三年了，你要不要考慮幫我換個新的？」

前輩B甚至說：「竹內桑～我們也很辛苦在上日文課啊，你怎麼不送給我們？」

大家越演越誇張、越演越開心，而竹內呢？也從頭到尾越笑越開心，笑到嘴都合不攏了。

沒錯，有人大方送我包這件事我確實挺開心，那些包包我也很喜歡，但在這個很像後宮，又都是女人的圈子裡，伴隨著羨慕而來的就是嫉妒，像竹內這樣的愛買狂誰不愛？我當然也愛啊，更不會矯情的說我不愛這些精品。

但他這樣的高調舉動，讓我的內心開始不安了起來，畢竟，當女人的嫉妒心開始發作時，就是一切可怕的開始！

我不知道這些會爲我帶來什麼，也不知道接下來的日子會發生什麼，我只知道偶爾來出差又不在乎酒錢的竹內是個能幫我帶來業績的好客，我若不要這個咖，勢必一堆人搶著要。

於是我告訴自己：「別管那些還沒發生的事情了，天都還沒下雨，妳撐什麼傘？實際上妳就是需要業績，需要很多像竹內這樣大方的客人替妳撐腰，所以別胡思亂想了，認眞應付他。他想談戀愛，妳就給他戀愛的感覺就行了！至於其他的事，就順其自然吧！」

但天知道，一切有這麼容易嗎？

# 38 順風順水

那幾個月，我在條通的日子眞是過得順風又順水。佐用桑隔三差五來報到，竹內也是只要一到臺北就直接約我同伴，然後進店裡開酒。就連被我打到生氣甩頭就走的中田都乖乖摸摸鼻子回到我身邊，不但回到我身邊，還帶了賠罪禮物來給我！

我一看到禮物就笑了，日本人果然愛買珍珠啊，又是一個御木本 Mikimoto 的盒子出現在我面前。對，他擔心上次生氣匆匆離去會惹我不開心，所以這次帶著禮物來賠罪了。

我實在很想放聲大笑，打人的是我耶，我還正在反省自己下手太重，不知該如何挽回他好跟媽媽交代，都還沒向他送禮賠罪呢！他倒好，居然認眞賠罪來了。這世上哪有這種事啊？果然是一樣米養百種人，在這個夜晚的生活圈裡，還眞是什麼樣的人都有，待久了，也就什麼事都見怪不怪了。

那一陣子，心想事成的我真是過得很忙碌，日子也過得很開心，每天白天忙著應付這些客人的電話、email，加上各式各樣的課，充實的日子也就這樣一天一天過著。

晚上進到店裡，從會計手中拿到這個月的薪資明細，底薪加上同伴、開酒獎金，我早已不是那個剛進來的菜鳥，每個月領著基本薪資五萬多了。

現在的敦子，除了動不動就有禮物可收，每個月將近八萬的薪水早已破了當時自己的人生紀錄了，比起同年齡三萬不到的薪水，我知道，這些都是我努力付出時間、精神，甚至青春得來的結果。

今晚，佐用桑又來了，他似乎是結束臺灣同事的忘年會聚餐，帶著酒氣而來。除了重要客戶的應酬之外，他也早已把我們店當作自己的祕密基地，一個人的時候也很常來自己放鬆一下，喝個幾杯。

他一如往常跟媽媽嘻嘻哈哈聊著，他們的話題不是打球就是Group的哪家媽媽又怎樣了，哪家爸爸桑又怎樣被媽媽修理了之類的話題……

聊著聊著，接近打烊的時候，訊號燈又亮起了，媽媽迅速走去開門。天啊！是大媽媽帶著總店的媽媽桑Momo和大媽媽的男朋友，H公司的佐藤先生來了！這幾個大人物碰在一起，不知道又會發生什麼事情。

# 39 好特別的他

大媽媽跟佐藤先生、Momo媽媽一前一後走進店裡，原來她們是陪愛唱歌的佐藤先生來唱歌了（總店沒有唱歌的設備）。

一見到大媽媽的身影出現，大家的酒意瞬間也都醒了一半，原本輕鬆的氣氛也突然拘謹了起來。

大媽媽的眼睛非常利，才剛進門，都還沒入坐，就直接往一個人坐在沙發上的佐用桑這桌走了過來……

營業出身的佐用也很厲害，不等大媽媽開口，他已經提起精神、站起來迎向前去，主動笑咪咪的打招呼：「妳好，妳好，大媽媽～」並且馬上走去佐藤先生旁邊，主動握手問好。

站在一旁的大媽媽帶著點撒嬌氣息，微笑瞪著佐用，對他抱怨：「哎呦～佐用桑～你還知道有我這個大媽媽呀？怎麼都不來總店看我呢？原來你每天都躲在這裡啊？」

很懂得拍馬屁藝術的佐用也馬上回話：「沒有那種事呦！我只是下班順路過來喝一杯而已啦，永遠都那麼漂亮的大媽媽我怎麼會忘記呢？」

身旁的我們都忍著笑，這麼赤裸裸捧大媽媽加拍馬屁的話，若不是一身營業魂的人，我想是沒辦法隨口就能說出來的！

大媽媽笑嘻嘻打了他的手臂一下，就去隔壁桌陪她的佐藤先生了。而 momo 媽媽則趁機順勢往我們這桌的主位，佐用桑身邊的位置坐下去。一坐下，momo 媽媽就嗲聲嗲氣，不顧旁人和他寒暄著。momo 媽媽雖說有點福態，但原住民的她有著非常漂亮的大眼睛、長又翹的睫毛和漂亮的五官，加上吹彈可破的白皙皮膚和葫蘆型的曲線，照理來說，她應該完全是上了年紀男人的菜，但不知為何，我卻感覺佐用有些怕她，有意無意閃躲著她。

後來才知道，原來佐用不喜歡主動靠近他的女人，也不喜歡會一直黏在他身旁的女人。男人真的很奇怪，有美人主動投懷送抱，他們還不見得會照單全收呢！

大媽媽喝了幾杯酒，唱了幾首歌之後，又晃過來了。她勾著佐用的手說：「佐用桑～我想喝酒，你要不要請我喝酒？」

沒錯，大媽媽的老招又來了！

只見佐用笑笑回她：「喝酒？好啊！喝我的山崎吧！」並同時示意我拿個杯子來倒酒，但大媽媽要的不是這個！

大媽媽接著撒嬌說：「我不要，我不想喝山崎，我想要喝三十年的百齡罈！」

一般各店的條阿咖，像是我們家的嗨嗨桑，面對大媽媽這種無理的要求時，基本上就算再不情願，也沒有人會說不。但佐用卻在這個時候，笑笑並不得罪人的回答：「三十年的百齡罈？佐藤先生桌上放著的不就是三十年的嗎？妳可以回去喝啊！」

我第一次見到客人敢這樣拒絕大媽媽，她見狀依舊不死心，繼續說：「不行！我就是要喝你開的！」

旁邊所有人都尷尬到一個極點，心想，尊貴的大媽媽都窩成這樣了，佐用總該屈服了吧？

不，他完全無動於衷！直接回大媽媽說：「嫌だよ！」（不要喔！）

當時，所有人都以爲至高無上又任性習慣了的大媽媽可能會發飆，但說也奇怪，大媽媽反而軟下來了，自己給自己臺階下，繼續軟軟笑笑的說：「好吧！那我生日的時候你要開給我喝喔～」然後鼻子摸摸，裝沒事回去繼續陪佐藤先生喝酒，我們也慶幸著，今晚這顆炸藥沒被點起。

就在那個驚險萬分的夜晚，我開始對這個無懼強權又勇敢做自己的他，產生了濃濃的好感……

# 40 小媽媽離職

就在我走桃花運，每天都過得很開心的那一陣子，小媽媽的情況卻跟我相反。自從深田回國後，主要工作是會計的小島因爲手上握有的交際費實在有限，也漸漸很少出現在店裡。或許是一直分不出高下的三角曖昧讓人實在太心累，也或許是不想把自己局限在這個小小的圈圈裡。總之，小媽媽告訴我，她要離職了……

對我而言，這無非是個打擊，因爲在這個店裡，除了媽媽，最照顧我的就是就小媽媽。

我問她離職的原因，她嘴上雖沒說，但我知道那種愛得力不從心的無奈。尤其是雙子AB型的小媽媽，她在感情這方面其實是很潔癖的，要她跟媽媽鬥？還是要她去爭？不！不可能！長期在大媽媽的面子管理下，我們根本做不出這種事。更何況，這些也都不是自尊心很強的她的風格。在這種環境裡，我們其實都知道，男人真的很多，只要在條通，不用怕沒有男人！既然如此，又何須強求呢？

有時候，離開不見得不好。何況 Group 一直都是媽媽桑種子學院，既然待得不開心，又何必硬把自己留在這裡？若有機會，趁著年輕出去自立門戶，也未嘗不可啊！

我問小媽媽：「離開後妳要去哪裡？」

小媽媽雲淡風輕的說：「再看看吧！」

小媽媽離開後不久，我就輾轉聽到客人傳來消息：「妳們家的小媽媽自己開店了耶……」

起初我很訝異，但仔細想想，天下無不散的宴席，既然她決定離開 Group 體系出去闖，我在心裡也會一直默默祝福著她。

只是，小媽媽一離開，就沒有能跟我說貼心話的人了。以前小媽媽總會在適當的時候提醒我該注意哪些眉角，現在她走了，大剌剌的我該怎麼辦才好？

況且，自從佐用桑指名我做他的窗口並且帶我同伴開始，我就隱約感覺到前輩們對我的疏遠了，誰知道後面又緊接著冒出個愛買狂竹內，他的出現，更是有如雪上加霜，拉開前輩們跟我的距離。

小媽媽離開後，我們幾個女生雖說表面上和平常一樣，聊著一些不痛不癢的話題，但我就是能感覺得出來，空氣裡的一切都跟我初來乍到的時候不一樣了。

每當我開口跟前輩們說話的時候，她們的回答總是簡單又俐落，完全不想跟我多聊。以往，偶爾會相約在工作前一起吃晚飯的讀書會，也莫名其妙從此沒人再提起了……

沒錯，因爲那陣子的突然走紅，以往純眞的同事愛不見了。套句現在的話來說，我開始被邊緣了。

# 41 男人也會吃醋

幾乎變成獨行俠的我，漸漸也不再熱臉貼冷屁股主動約前輩們一起行動，我開始安慰自己：「我並沒有做錯什麼，所以有距離就有距離吧，反正在這個行業裡，有客人還是比較重要的。」

這個晚上，竹內又約我同伴了，他問我想吃什麼？我趁機抓他帶我去吃了位在伊通公園附近，當年李總統最愛的高玉割烹料理！當時的臺北市還沒有幾家像高玉這樣小巧又高級隱密的日本料理，頂級料理配上專業和服女侍的服務，那餐就吃了他上萬塊！我心想，反正他自己也都是走高級路線的，既然叫我挑，那我挑想吃的他應該也不會說什麼，果然他欣然同意了。

晚餐後，他一進店裡，媽媽就笑咪咪迎了上來。我快速換好旗袍，站進吧檯裡，他見我就定位後，緩緩從公事包裡拿出了一個白色的 Dior 紙袋，自豪的當著大家的面交給我，並且示意我打開。

此時媽媽又在旁邊捧他了，媽媽說：「哎呦，竹內桑～你怎麼這麼疼我們家阿獎啊？都買這些大名牌耶，你是名牌控嗎？真好，我們真的好羨慕阿獎啊，我們也好想要有名牌控的人送我們禮物啊……」

前輩們也皮笑肉不笑，虛情假意的配合著媽媽演戲，職業性附和著說：「對啊，我們都羨慕死了……」

一聽到這些酸溜溜的對話，我在心裡狂喊：「TMD！我現在的處境已經夠慘了，你還送？你要送沒關係，但能不能不要故意在大家面前送啊？」

竹內被捧得笑到眼睛都變成月亮的形狀，一直等我打開禮物……

好！開！我開！

打開後，只見他送的是一套純白色，鏤空 Dior 字樣的比基尼！你有病是不是？這種外國人的三片布比基尼能隨便買來送人嗎？我跟你很熟嗎？你送東西的範圍也未免太廣了吧！

竹內一直笑咪咪的等著看我的反應，我正在想要怎麼回應時，媽媽一邊笑著一邊好奇開口了：「竹內桑～你為什麼要送阿獎這個啊？」

竹內轉過頭去看了一下媽媽，又立馬轉過頭來盯著我，繼續笑著說：「因為這個比基尼和阿獎一樣可愛，我一看到就直覺它是阿獎的！」

……

媽媽跟前輩們就這樣拿著比基尼摸著看著，此時，訊號燈又亮了。

是佐用桑來了！他一進門看到吧檯的竹內，馬上上前打招呼握手寒暄。（當初第一次帶竹內來喝酒的人就是佐用，竹內是他的眾客戶之一。）他瞄了瞄Dior的紙袋和桌上的比基尼，我快尷尬死了！但心想，五十三歲的他大場面看得夠多了，應該見怪不怪了吧，而且這畢竟是我的工作，有粉絲才是正常的吧……

沒想到，那天的他入座沙發後，也不知道是哪根筋不對，竟然異常的嗨！明明自己一個人來，不需要誇張炒氣氛，但那天的他卻比平時笑得更大聲，跟前輩們也玩鬧得更開心。平常不會主動唱歌的他，居然還一首接一首唱起了嗨歌？

依然站在竹內這裡的我，從吧檯望去一覽無遺，心想：「他是不是喝醉了啊？怎麼今天笑點這麼低啊？明明沒什麼好笑的，卻可以大笑到東倒西歪？」

同是獅子座的媽媽趁竹內去洗手間的空檔，詭異的笑著，小聲告訴我：「阿獎，佐用先生吃醋了！」

吃醋？他吃什麼醋啊？他喜歡我嗎？他沒說啊？他沒說所以我也沒感受到啊！我趕緊問媽媽，說：「那怎麼辦？需要我換桌一下嗎？」

媽媽若有所思想了一下，說：「不，妳不要過去，妳就繼續待在竹內先生這裡就對了！」

那個比基尼的夜晚讓我印象深刻，竹內和佐用兩個人一直坐到打烊，誰都不肯先行離去。

因爲，這兩隻公獅子，都在害怕自己看上的獵物被別人一口叼走了。

# 42 會計變小姐

小媽媽離開後，店裡只剩我和前輩A、B，忙的時候，還眞的有點分身乏術。

之前介紹過Group的會計是每個月八家輪調的，所以每位會計都跟媽媽們很熟！這個月，會計玉玲又輪到我們家了。她的身高也很高，大概有一百七，一頭像小男生一樣的短髮，翹翹的小鼻子，膚質很好，而且有著日本人很喜歡的可愛小虎牙，笑起來眞的是挺甜的（有點像藝人李祖寧）！

她是會計裡面，對客人最主動也最熱情，就連個頭也是最大的。豐滿的胸、豐滿的屁股、一身肉騰騰的，但至少還是有著該有的腰身。身材在女人裡面算是魁武的她，最好的賣點就是那張笑起來能甜死人的小臉蛋。

每當我們人手不夠時，她就會主動站在吧檯內，幫忙我們招呼客人，跟客人聊天，所以我們媽媽很喜歡她。因爲，不是每個會計都肯陪客人聊天的，也不是每個會計都願意陪客人喝個幾杯的，但她總是樂意幫忙！

客人們也對會計感到特別新鮮，畢竟會計不是小姐，難得有素人的年輕女子願意陪聊陪喝，大家當然都樂意接受。何況活潑又主動的玉玲，臉孔長得也算是日本系的可愛，自然很快就能跟日本客人打成一片。

於是，媽媽藉著這個月玉玲在我們家的機會，趁機問了問玉玲，願不願意跳下來做小姐？沒想到玉玲像是期待許久似的，竟然欣然接受了媽媽的提議。

太好了！我們家終於又多了一位生力軍，她非但個性活潑又積極，會計出身的她動作也快，做事也乾淨俐落。很快的，能文能武的玉玲就上線和我們一起工作了。

剛上線的時候，我很佩服玉玲，她做什麼事情都像有用不完的精力，就像裝了強力電池一樣，永遠都是搶在前面。積極工作的她，無論是學習日文、高爾夫、插花等等……沒一樣落下的。努力讀書的她，日文進步神速，看在我的眼裡，實在是心生佩服。就連媽媽，對這個新加入我們團隊的她也非常滿意。

老天總是公平的，能文又能武、辦事能力又強的玉玲，或許是個性太積極、太強勢，也或許是從小太愛運動養成的骨架太大或頭髮實在太短……導致她身上沒有什麼女子該有的柔弱氣息，所以並沒有引起太多男客追求的欲望。即便她笑的時候會試著學起日本女人含蓄遮嘴，但效果並不好，來這裡的男客似乎還是把她當成朋友或哥兒們那樣看待。

她同時也是媽媽的好幫手，所有媽媽桑該注意的行政事項，她都能幫媽媽處理得很好，就連大家私底下出遊泡湯吃飯，她都能鞍前馬後的把媽媽伺候得很好。總之，自從她來了，媽媽就像多了個專屬行政祕書，漸漸的，媽媽跟玉玲也走得越來越近。

從小到大，我的身邊從沒出現過這樣的人，只知道做好自己分內工作的我，完全沒想到她竟然是個人前人後不一樣的人。她的笑容和甜美，只給媽媽和客人看，私底下的她仗著媽媽的疼愛，目中無人，傲慢又無禮。我想，我是碰到職場討厭鬼了，或許這種人難免哪裡都有，但只要想到每天都要跟這種戴著虛假面具的假面鬼相處，就覺得好累啊……

# 43 我是他的洋娃娃

不知不覺，又到了 Group 放大假的時候，這次媽媽決定帶著我們一起去冬天的日本。

會決定去日本，一來是媽媽想趁機去看看荒木先生，二來是佐用桑剛好那段時間也在日本，當佐用告訴媽媽他也能排出時間當地陪的時候，媽媽一口就答應了。

畢竟在海外跟這些客人碰面的好處還是挺多的，他們會幫我們規畫行程，還會搶著付錢，招待吃飯，甚至還能帶我們走進一般觀光客走不到的地方，當然，這些都是其次！最最重要的是能加深友誼，維繫感情。（友誼越深，來店的次數也就越多，這也是媽媽最想要的。）

那次日本行，除了這兩位重量級大咖之外，連竹內聽到我們要出現在日本，都興沖沖喊著要來找我，而我不方便拒絕，也只能答應了。

媽媽訂的飯店位於當時算是新景點，港未來的「橫濱皇家公園飯店」，號稱日本最高飯店的這間飯店，有著永遠看不膩的橫濱灣摩天輪景觀，又浪漫又高級。

荒木先生和佐用桑一人開著一輛車，帶著我們一路去了箱根、鎌倉，吃了有名的漁夫料理。晚上，荒木先生還帶我們去了自由之丘，那是荒木先生常去的酒店，大家一起喝酒唱歌，順便見習一下。

竹內也說他要來接我，帶我出去玩玩走走。於是，我安排了一整個下午的時間給他。那天他開著他的車來接我，上車之後，見我沒帶圍巾，他說：「我先幫妳買條圍巾吧！別感冒了！」我沒回答，只是看著窗外，一路認眞看著我最愛的日本街景。

車子一路開到了銀座，停好車後，他先是領著我走進了大馬路邊 Burberry 專賣店，店員迎上前來詢問需要什麼協助？

他說：「我需要一條適合她這個年紀的圍巾。」

店員立馬親切拉開抽屜給他挑選，他看了看，搖搖頭說：「不，這些不適合她，我覺得她適合素色百分之百喀什米爾材質的圍巾。」

於是，店員又馬上拉開另一個抽屜，竹內低頭看了看，隨口問我：「阿獎，白色好嗎？白色很可愛。」

他明明就決定好了，還問我幹嘛？我心想：「隨你吧！你愛買哪條就哪條吧！」於是我微笑著點點頭，而他則滿意的轉身拿出卡來結帳。

走出店家後，他又領著我朝銀座的松屋百貨公司走去，他邊走邊說：「阿獎，媽媽說妳還沒有自己的高爾夫球組啊？那我去幫妳挑一組吧！」

於是，我們又火速結帳了一組高爾夫球桿，他還請店員直接幫忙拿下停車場，放上他的後車廂。

天色漸暗，他說：「阿獎，我訂了元町的法式料理霧笛樓，晚飯前，我們先去元町的MU逛逛，我想再買高爾夫球袋和衣物袋給妳，要買就一起買吧，妳覺得好嗎？」

我點點頭，心想：「既然你那麼愛買，我讓你買就是了！」

到了元町，很快，我們又挑好了高爾夫的相關用品。老實說，對於他的大方，我挺訝異的，尤其出門前，媽媽才耳提面命的說：「阿獎，竹內要買什麼妳就讓他買，別拒絕他，他愛面子，你不讓他買，他會覺得妳不給他面子。」

所以一路我都沒表示意見，看他表演個人秀。

直到他帶我走進一家有賣皮件也有賣衣服的服飾店**Kitamura**，像個經驗老到的造型師一樣，眼光精準的挑了一件合身咖啡色高領毛衣和毛呢長褲交給店員，並且示意我去試穿，我速速換好衣服走出更衣室，他滿意到笑容都快溢出來了，竟然開口說：「嗯！好看！跟我預想的一樣好看！妳就直接穿著它，別換回原來的衣服了，走吧，我們去吃飯吧……」然後結帳買單，並且請店員直接打包我的舊衣服。

搞了半天，原來我是他的洋娃娃……這種感覺讓人好不舒服喔，瞬間一股恐怖又隱隱作噁的感覺讓我頭皮發麻，我忍不住想：「天哪，我是不是又碰上變態了？他該不會有把人當成洋娃娃擺布的娃娃癖吧？」

## 揭開不夜世界的神祕面紗：員工旅遊

不要以爲只有白天的工作才有員工旅遊，條通的我們也有！Group 一直有舉辦員工旅遊的慣例，通常不是日本新年，就是八月的お盆休み（日本人的掃墓祭祖節）。

大部分的分店都是跟著大媽媽一起全體行動，而我們店的媽媽很懂得保護我們，也很特立獨行，她一直都是讓我們幾個單獨一小團去旅行。我進去後的第一次員工旅行，就是去當年很流行的峇里島。

媽媽重金訂了一間 Villa，三個房間圍著泳池，隱密又特別。那是我第一次去峇里島，我們四女一男（年輕搞笑，長得有點像網紅阿翰的男領隊）一路從桃園機場出發。到了峇里島機場，導遊和司機來接我們，導遊是當地的年輕華人，年紀跟我們差不多，他看到我們一群年輕漂亮的咩，立刻打了通電話。不久後，連他的表弟都來湊熱鬧了！就這樣，他們三個男生每天都圍著我們轉，我甚至覺得我們根本是去陪他們玩的，但也留下了許多美好的回憶。

出發前，媽媽就吩咐我們要多拍一點照片回來給客人看。（媽媽很厲害，她知道這也是個話題，給客人看我們的私服和泳裝照、跟客人分享旅遊趣事、製造話題，可以讓客人有參與感，更加強客人的忠誠度與消費力道。）所以我們一進房間立刻換了泳裝，先把媽媽交代的功課做好，拍了各式各樣的外拍照準備回去交差，然後就一路吃好喝好玩了四五天，很是滿足！

前面爲什麼會說我們店的員工旅遊單獨出發是媽媽很保護我們呢？後來我才聽別家分店的小姐說，她們跟著大媽媽一起團體旅遊根本無法放鬆，大媽媽就像個軍隊的將軍，在旅行時，大家還得小心翼翼看著大媽媽的臉色，稍不小心惹大媽媽生氣了，回來之後可能連工作都不保……

某次 Group 旅遊，大媽媽帶著她的嗨嗨桑同行，（大媽媽的男友當然一定是 Group 最大咖的客人，也就是〈順風順水〉那篇提到的 H 公司的佐藤先生，他每個月消費額差不多都在百萬上下。）到了旅館，嗨嗨桑說他想打麻將，於是大媽媽開始打電話到每個房間召集會打麻將的小姐集合陪打。

某家分店小姐接到電話跟大媽媽說她不會打（她確實不會打），但後來大媽媽卻發現其他小姐在那個房間打麻將，誤以為接電話的她是不願意陪打而說謊，於是大發雷霆，當場直接跟那家店的媽媽桑下令：「妳一回去就把這個說謊的小姐開除！」

這次事件鬧得很大，後來這家分店除了開除一位小姐，其餘的還得全部留校查看，被要求每週同伴一次，否則扣薪五千元！（大媽媽就是這麼專制，說一不二。）

所以我說，我很慶幸遇到很有自我風格的媽媽，她一路給我們很大的空間，從來不會逼我們跟著大媽媽團體行動。獅子座大方的她，也很疼愛自己的小姐，出門在外，總是儘可能給我們最高規格的享受！

我很欣賞我們家媽媽的作風，畢竟沒有員工喜歡苛刻的工作環境。媽媽肯給，我們自然也就肯更努力工作，這也是我從媽媽身上學到的重要一課。

當然一定也會有只想接受好處，卻自私、不肯爲公司努力付出的員工。這種不肯相對付出的不對等關係，無論走到哪裡，我相信也都不會長久。這個理論，不僅在職場，一般情侶或婚姻關係也適用。

# 44 成為小媽媽

從日本回來之後，大家依舊白天上課、晚上上班的忙碌著，而自從小媽媽離職，店裡小媽媽的位置也一直空在那裡許久了……

我知道前輩們都在期待著自己會是新的小媽媽人選。確實也是，前輩A、B都比我早了至少一年進來店裡，要選小媽媽，怎麼樣都不可能輪到我。至於玉玲就更不用說了，她才進來沒幾天。通常要選幹部，不都是選最資深、最有經驗的嗎？

所以前輩A、B自然是優先順位的人選。

偏偏小媽媽都離職兩三個月了，媽媽那裡卻完全看不出來她會選擇前輩A還是B，我雖然完全不用擔心這個問題，但難免也好奇，媽媽最終會選誰來當下一任小媽媽。

前輩們就不一樣了，那一陣子她們兩個表現得特別認眞又積極，無論是在抓客人方面，或是消酒方面。總之，那一陣子的前輩A、B一直努力表現自己，也一直不露痕跡暗中較勁。

只是，Group要我們消酒，卻同時也要求我們酒後的儀態，要當小媽媽，缺一不可。前輩A、B偶然的酒後發酒瘋失態的樣子，媽媽完全看在眼裡。

是的，酒後的儀態代表一個人的自制力。一個披頭散髮，喝醉會盧的女人多可怕啊！能看嗎？受一板一眼Group教育的媽媽哪受得了？

結果，就在不久後的某一天，才剛上班，媽媽就坐在沙發上跟大家宣布：「從今天開始，阿獎是我們店的小媽媽！」

瞬間，店裡一片鴉雀無聲，媽媽的命令就是天，沒有人敢有意見，即便她們心裡有多麼不服氣。

沒錯，我的日子，要變天了……

就在我上任之後不久，生日的那天，我收到花店送來店裡的一束花，那是一束用深綠色精緻包裝紙包著，優雅又氣派的花。

我很訝異會有日本人請花店幫忙送花來店裡，更訝異這束花還指名是要給我的。穿著旗袍的我趕緊把這束高調的花搬進更衣室，蹲下仔細看了這束花，猜想著，這到底是誰送的啊？

我看到花朵裡有著一張小卡片，好奇的打開……

是深田！我認得他的字！居然是我一直忘不了的深田！瞬間，我的眼淚奪眶而出。那是一張深田從日本特意寄來臺灣給小島，托小島在我生日的時候跟花一起送來，親手寫下的卡片。

我好不容易才讓心裡的傷口結了痂，卻又在那個收到花的瞬間，再次流出了鮮血……

那個晚上，我喝了很多的酒，客人來來去去，佐用桑當然也來慶祝了我的生日，但我連他幾點離開的都不記得了。因爲，當晚，我的腦子裡都是深田。這束花又把我拉進那個時光隧道裡，一整晚，我的腦子裡都是以往跟他相處的點點滴滴。

# 45 他在路邊撿起了我

終於，那個想哭又不能哭的生日會結束了，把一桌又一桌的客人送走後，同事們也全都回家了。卸下堆了一整晚的笑容後，我終於可以做我自己了……

喝很多的我，像行屍走肉般換好衣服，順手拉起了包包，關上所有的燈，走出了店，鎖好了大門。

帶著一身的疲憊，我站在店門口，抬頭看著路燈，天空裡飄著微微的細雨，我突然想放縱一下自己，對，我不想忍了。

我走到店外有屋簷的角落，蹲下掩面放聲大哭，我有著說不出來的心酸，那些強逼自己忘記情傷的心酸。

我的表面光鮮亮麗，心裡卻是空落落的，受客人歡迎的我，每天私底下面對同事的冷臉，連個知心的朋友都沒有。在這裡，沒有人在乎我內心的感受。我就像是個發電機，每天對著客人狂發電，可是當我沒電了，誰來幫我充電？

日夜顚倒的工作讓我與原本的同學朋友漸行漸遠，我好需要朋友同事眞心的關愛，可是在這個只在乎錢的世界，她們要的只是妳能替店家吸引多少客人，妳能爲店家帶來多少利益！

所有的情緒，百感交集在酒後全都湧了上來，擋都擋不住。

我站起身來，把自己挪到一個可以淋到雨的角落，我坐在隔壁店家的臺階上，試著讓天空飄下來的細雨澆熄我心中所有怨氣、怒火！就這樣，我把頭靠在自己的兩個膝蓋上，一直哭一直哭，我要讓這陣子所有忍住的眼淚盡情宣洩！

就在我哭得很專心、很忘我的時候，不知不覺，雨，似乎停了……

我抬起頭，帶著淚水、模糊的雙眼，看見的竟然是佐用撐著傘站在我身旁。

他很驚訝喝醉的我怎麼還不回家，問我：「阿獎，怎麼了？妳爲什麼坐在這裡淋雨？」

我一臉狼狽的淚痕，妝肯定也掉得差不多了，被他這麼一問，卻無法用三言兩語回答他的問題。

他見我不發一語，於是伸手把我拉起來，說：「阿獎，妳餓不餓？我們去吃宵夜好不好？妳想吃什麼？」

被他這麼一問，我才發現我餓了，想了一下，我說：「牛排！我要吃菲力牛排！」

剛來臺灣沒多久的佐用傻了！半夜三點要去哪裡吃牛排？

他愣了一下，問：「這個時間吃牛排？」

我說：「對，我想吃牛排。」

他張大眼睛問我：「半夜還有這種地方啊？那，妳知道在哪裡嗎？」

我站起身，帶著他走出巷子坐上計程車，我們來到了林森北路某個二樓的二十四小時鋼琴演奏西餐廳。

走上二樓，我帶著他走進店裡，他簡直看傻了眼。半夜三點，這裡不但有人現場演唱，還坐了幾乎七成滿的客人！

服務生帶著我們來到座位，喝多了的我一屁股就坐下，打開菜單，問也沒問他的，任性的點了想吃的菲力牛排，他看我毫不考慮點了牛排，問我：「這裡的牛排好吃嗎？」我兩眼瞪得大大直點頭，他說：「好吧，那麼我也來一份吧！」

那是個溫馨的夜晚，在有鋼琴伴奏和美食的餐廳裡，他一路靜靜的用溫暖的笑容陪著我、守護著我……

是的，他又再次撫慰了我那顆受傷的心。

或許，從他站在我身邊替我撐傘的那一刻開始，他就變成我條通生命裡，不可缺少的存在。

# 46 棋子

自從我跟佐用走得越來越近之後，我發現媽媽開始試著想用我去操控佐用的消費力道。其實現在回想，這些在 Group 都是正常的，只是對當時還年輕的我，漸漸變成壓力。

那陣子，在媽媽的眼裡，只要佐用桑超過一週沒來露臉，就屬於不正常，不正常也就算了，讓我感到不舒服的，是媽媽開始會在我耳邊說些風涼話。例如，媽媽會說：「阿獎，佐用桑這幾天怎麼都沒消息？他肯定是去別家店消費了！妳喔，太寵妳的粉絲了，如果不好好控制他的交際費，將來就會有吃不完的苦，有妳哭的了！」

一次兩次我都還好，但時間久了，這種上班的氛圍眞的讓我好厭煩。

這個晚上，媽媽又在我面前抱怨這件事了，那天我喝了不少的酒，下班後，我任性的在半夜打了電話給佐用桑。

第一次半夜接到我的來電，佐用很驚訝，連忙問：「阿獎？怎麼了？妳怎麼突然半夜打給我？」

我一聽到他關心的語氣，忍不住哭出來了。我把這些日子接收到的壓力全都一五一十告訴了他，只見他緩緩的說：「原來如此啊，實在抱歉，我沒想到妳們媽媽對我的期望會那麼高，害妳被捲進去眞的不好意思！」

其實，我完全不希望客人的消費力道是由我來控制的。我反而認爲，客人愛來或不來都是客人的自由，想開什麼酒或開多少瓶酒，都應該交給客人自行決定。我的工作只需要盡全力讓客人在店裡喝酒的時候開心、放鬆就好了，我實在不懂，爲什麼要給客人壓力呢？有壓力的酒，誰還想喝呢？

佐用不約而同跟我有著相同的想法，他很能理解媽媽需要撐起一家店業績的壓力，卻也不太認同 Group 變著各種花樣和手段，勉強客人消費更多的做法。或許大部分的條阿咖都願意配合，但不喜歡受控的佐用卻不是這樣的客人。

此刻，看在他的眼裡，淪爲棋子的阿獎讓他很是心疼。沒想到，個性相似的我們，居然連想法都是一致的。

隨著在Group的時間一天天流逝，我似乎也漸漸覺得這個夜晚的銀座世界，並不如表面看起來那麼夢幻。在這裡，想要往上爬就註定要捨棄自己的良心，不能心軟，一切，只能向錢看。

# 47 到分店支援

Group也是有互相調動小姐支援的時候，例如某家店忙到人手不夠的情況下，媽媽桑是可以請會計打去其他七家分店要求支援的。

會計會一家一家詢問，而媽媽桑們則會看當時的客人數或客人酒瓶裡還剩多少酒來決定自家小姐要不要出借。

小姐外借的好處是可以有機會讓小姐去認識別家客人，而小姐過去支援的時間，對方分店也會以時薪計算支付給我們店。

某天，某分店來電要求支援，剛好我們家不忙，酒也剛開，於是媽媽同意出借小姐。通常碰到這種情況，都是當班的人趕緊披上一件大外套走去支援，因爲分店都在附近，所以其實很方便。而這次，剛好我當班，所以自然就是我過去支援。

到了分店，玻璃門一打開，確實很熱鬧，看得出來大家都在忙，細問了一下，原來今天是他們家媽媽生日，難怪整間店的氣氛好不一樣啊！

吧檯上擺滿了漂亮的花束，每桌客人的桌上不是開了紅酒就是開了香檳，總之，空氣裡飄著歡樂喜慶的味道。

我被安排到吧檯他們的爸爸桑吉村先生面前是有原因的，因爲跟其他客人相比，爸爸桑是最不可能變心來變成我的粉絲啊，我怎麼會不懂這個道理，我當然懂！我只要輕鬆陪著他聊聊家常八卦，和乖乖喝他瓶子裡的酒就行了！

沒過多久，又進來了一位客人，這位客人因爲也是單客（一個人），所以也被安排坐在吧檯，他一見到隔壁的爸爸桑，居然打起招呼還握起手來。仔細聽他倆的對話，哦~原來他們都是這家分店的常客，這家店的媽媽幫他們互相禮貌性介紹過。也對，常常在這裡碰到，久而久之自然也就對對方有印象了。

他才一坐下，媽媽就過來坐在他身邊，吵著要喝香檳。他也很上道，知道這種時候一定要做面子給媽媽，於是一瓶銘悅香檳就被放在原本已經有起瓦市二十一年的桌上了。

店家最愛開紅酒和香檳不是沒有原因的，因爲這類酒跟威士忌不一樣，這類酒是無法寄存的。如果喝不完，當晚就會被倒掉，不能存酒。所以對店家來說，這種酒才是利潤最好的。

媽媽才在他那裡坐下沒多久，又進來了一位男客！

他也是一個人來的，也跟前面那位客人一樣，在被帶到吧檯入坐前，先走去跟另外兩位吧檯的客人握手寒暄了一下。

當然，當天晚上的主角，也就是那家店的媽媽怎麼可能會放過他，只見她就像隻花蝴蝶一樣飛過來，迅雷不及掩耳的，不知在他耳邊小聲說了些什麼。總之，他開了一瓶三十年的酒。

第一次來這家分店支援的我，其實早就見過這家店的媽媽了，因爲她偶爾也會帶她的男友吉村，也就是剛才坐在吧檯的那位爸爸桑來我們家唱歌。

這個媽媽跟我們家媽媽很不一樣，個子嬌小的她很有女人味，重點是她很會撒嬌，長得漂亮加上撒嬌功力一流，難怪她的生日這麼熱鬧。

而我，終於有機會見識到這位 Group 裡常常業績第一名媽媽的厲害手腕。見她把大咖粉絲教育得服服貼貼，不禁看傻了眼，望塵莫及，讓我發自內心佩服她！

# 48 一整排爸爸桑

自從那晚從分店支援回來後，我就在心裡把那家分店的媽媽當作偶像崇拜。

某天，剛上班還沒客人的時候，大家都坐在沙發上待命，我跟媽媽聊起那天生日會所看到的事，嘰哩呱啦興奮的一直說，但媽媽卻面帶微笑不做任何回應，我見媽媽好像不太想跟我繼續這個話題，也只好不再繼續聊下去。

我轉身進去廚房，想看看有什麼水果的邊角料可以吃的時候，玉玲進來喝水，因爲她之前是會計，一直在八家店裡輪調，很熟各家店的狀況，開口跟我說：「阿獎，妳就那麼羨慕那個媽媽嗎？」

我說：「當然啊，她的粉絲都被她教育得服服貼貼的，眞是厲害！」

只見玉玲一邊倒水一邊冷不防回我：「那天妳見到的那三位都是那個媽媽的男

朋友，只要褲頭肯鬆一點，妳也可以啊……」

褲頭鬆一點？三個都是男朋友？我馬上追問玉玲：「怎麼可能啊？他們三個互相認識，而且還握手互相招呼欸！」

玉玲說：「怎麼不可能？這世上有什麼是不可能的？那三個就是她們家的三根柱子，我們所有會計都知道啊，不然，妳以爲 Group 第一名是那麼好拿的嗎？」

話還沒說完，玉玲就帶著一臉不屑的冷笑走出休息室。我呆站在廚房，實在無法想像她說的話。雖說這個世界，劈腿早已不是什麼稀奇的事情，但劈腿劈到互相變成好朋友，還能握手寒暄聊天的我就沒見過了！

搞了半天，那天我見到的居然是 Group 奇景，一整排的爸爸桑！天哪！怎麼會有這種事？一般人劈腿都是盡量避免被撞見不是嗎？被撞見就算了，還能互相變成朋友？難道他們之間不會互相覺得怪嗎？他們是後知後覺還是睜一隻眼閉一隻眼？

後來我發現，他們都是屬於不願意面對眞相的男人！只要女人打死不承認，他們也就睜一隻眼閉一隻眼含糊帶過，自己騙自己。他們三個，沒有人願意承認自己的女人是這種女人！每個人都告訴自己：「她眞正的男朋友只有我一個，其他的都只是男客！」

這也就算了，畢竟裝睡的人叫不醒，只要那個媽媽能應付得過來，倒也一切相安無事！

但那個分店媽媽的心態和行爲，又是怎樣呢？我剛進來應徵的時候，媽媽不是說 Group 禁止我們跟客人私下發生關係嗎？這到底是怎麼一回事？

# 49 這不是我要的未來

原來，夜晚的世界裡，「睡」這件事也是有分高階和低階的。最高階的，就是像那個媽媽一樣，每個都是她的男朋友。

當妳的身邊聚集了一群愛到卡慘死，願意自己騙自己的男人的時候，要拿八家店的第一名也就不是什麼難事了。

要知道，畢竟熟齡男子的愛情不像血氣方剛的年輕人那樣動不動就要約個單挑、拚個勝負，他們眞的深愛妳的時候，包容度是妳無法想像的。

換個方向來說，如果他並沒有愛妳愛得很深，有錢的他只是花些錢，找個相處起來舒服又看起來賞心悅目的人陪伴自己，那就更不需要吃醋了。畢竟他沒有要把妳娶回家，只是占用妳少少的時間，大家各取所需，自然就能睜一隻眼閉一隻眼。

就像人都有三急，出門在外想上廁所的時候，如果有選擇，你會選地板濕濕、臭氣熏天，會弄髒你高級皮鞋的公廁？還是高級百貨公司裡，地板乾淨又乾爽，就連空氣都香香的高級洗手間？

我想，只要是負擔得起的人，即便高級洗手間是要收費的，他們應該還是會選擇後者吧？問題是，這兩種我都不想要。這種未來，跟我想的不一樣。（我不是馬桶！至少我不要當爲了錢可以隨便人家使用的馬桶！）

從那個媽媽身上，我彷彿看到自己的未來，我害怕自己會爲了錢、爲了面子而漸漸迷失。已經是小媽媽的我，在未來的某一天，會不會就在變成媽媽桑之後，也被迫爲了面子、爲了撐住店裡的業績而變得連我自己都不認識自己？

這個 Group 的另一種面貌，在那之後，一直在我腦海裡揮之不去，那個充滿花束和香檳的華麗生日會畫面，就像被按下暫停鍵一樣，深深刻在我的心裡。

原本看似美好又光明的一切，霎那間，變成了我心底最深的隱憂……

# 50 痛徹心扉

今晚，上班上到一半，會計突然拿著媽媽的手機過來通知媽媽，有一個手機來電連續打了好幾次，會計深怕媽媽的家人有急事來電，趕緊把電話拿給她。媽媽看了一下未接來電的號碼之後，立即走到玄關撥了回去。

短短幾分鐘，媽媽掛了電話之後就走去洗手間，把自己關在裡面不肯出來，任由我們一直敲門，一直喊著：「媽媽！媽媽！妳怎麼了？妳身體不舒服嗎？妳先把門打開好嗎？」

時間過去三十分鐘了，媽媽既不回話也不開門。客人也試著去敲門喊媽媽出來，媽媽就像不在裡面一樣，完全不理會外面的我們。就在客人準備破門而入時，媽媽面無表情、臉色蒼白走了出來……她不發一語，走到更衣間拿了包包，連招呼都沒跟客人打，就這樣打開大門，直接走了出去。

這很不像媽媽的作風，大家都一頭霧水，但客人還在，我們也顧不了那麼多，只能繼續撐住場面直到工作結束。

下了班，我打了通電話給媽媽，她沒接。一天過去，兩天過去，三天過去了，媽媽沒來店裡，也完全沒有任何消息，於是第四天我又打了過去。終於，媽媽接了電話！

我著急的問媽媽：「媽媽，妳到底怎麼了？爲什麼都不接電話？怎麼連店裡都沒來？到底是出了什麼事？」

媽媽用虛弱無力的聲音說：「阿獎，荒木先生過世了……」

荒木過世了？一時之間我眞不知道該怎麼安慰媽媽，她跟荒木的感情一直很好，好到我知道此時此刻，無論說什麼安慰的話都是多餘的。

於是我懇求媽媽讓我去她家看看她，媽媽家就在店附近，是一棟新蓋的高級公寓，我曾經去過一次，還記得在哪裡。到了門口，沒幾秒媽媽就來開門了。

門一開我就傻了，天啊！原本擺設高級又一塵不染的媽媽家，怎麼變成這樣雜亂無比？而媽媽呢？隨性的穿著家居服，頭髮也隨便紮起，一臉呆滯的坐在沙發上，不發一語。這跟平時的媽媽差太多了吧……我知道慘了，媽媽垮了！

一直是媽媽心靈支柱的荒木走了，這代表著媽媽的心也跟著死了。因爲荒木就是她的家人，是支撐她在條通往前走的動力，甚至可以說是她內心的全部！對媽媽而言，荒木的過世，是痛徹心扉的痛。

果不其然，媽媽休息了好一陣子，我只能告訴自己，要好好把店看好，不讓媽媽擔心，這是此刻我唯一能幫她做的事。

# 51 一切靠自己

心如止水的媽媽無心管理店裡，連身體都開始自律神經失調，還出現了圓形禿。我看在眼裡很心疼，我知道自己無論如何都要打起精神，成爲媽媽的得力助手！但現實就是，沒有人理我這個新上任的小媽媽。

媽媽在的時候，大家倒是客氣，媽媽一不在了，我一個都喊不動！喊不動就罷了，玉玲甚至開始對我擺臭臉、大吼大叫。

對於眼前的一切，我漸漸感到力不從心，但爲了店裡的生意，我依然努力call客，努力約同伴，努力喝酒。我心想，能多開一瓶酒是一瓶，至少我對得起媽媽給予我的小媽媽頭銜。

只是，每當客人離去，下班的那個片刻，面對店裡其他人的冷言冷語冷面孔，我開始想尋求媽媽的協助。至少，我一直相信媽媽是公平公正的，於是，我決定鼓起勇氣把這段時間以來，我所遇見的問題和我內心的隱憂向媽媽提出來。

是的，我需要媽媽的幫助。可惜的是，媽媽的心已經隨著荒木過世而死去。媽媽對我遇到的問題和我心中的疑慮，完全提不起勁回覆，我從她的眼神裡知道，Group 裡的這一切，我都只能靠自己去找答案。

# 52 最後一根稻草

我開始認眞思考這陣子我親眼所見的問題。同事的排擠、無視，確實讓我那一陣子很痛苦，但，這些都只是淺層的小問題而已。對我而言，眞正深層的問題是Group的另一種面貌！

Group跟外面一般條通的店家不一樣，就算妳爬到了媽媽桑的位置，還是跳脫不出Group的框架。沒錯，就算妳已經是媽媽桑了，妳也頂多是個高級員工，因爲妳不是老闆，妳做不了主！

說白了，在這裡妳永遠無法做自己，而做不了自己，就走不出屬於自己的路。

已經是小媽媽的我知道，我無法改變Group的作風。換句話說，我若繼續待在這個環境裡，升上了媽媽桑，不可避免也會漸漸爲了金錢、爲了面子出賣自己的靈魂！因爲每個媽媽桑都想做 Group 的第一名。是的，這就是 Group 的眞實面貌。待得越久，我看得越清楚！

到最後，爲了錢，似乎一切的初心、一切的堅持，都將變得可以商量。

我了解我自己，好強又激不得的個性，如果一直待在這裡，走到最後，或許剩下的只是被吃乾抹淨的殘破軀殼。這，這多可怕啊……

剛進 Group 時的一切美好炫目褪去後，這個讓人懼怕的眞實臉孔出現在我的眼前，灰心的無力感和被糖衣包裹住的人性醜陋的眞面目，就像一股冷風迎面而來，讓我不寒而慄。

# 53 眞心，是最好的依靠

看見 Group 的眞實面貌後，那陣子的我很不開心，佐用桑還是店裡的常客，他總是默默關心著我，從旁看護著我。我試著對他開口說出心裡的隱憂，也開始請佐用桑帶我去外面的店喝酒。

我告訴佐用桑，我想要做自己的主人，我想要走出一條自己的路，我不想要一直待在這裡，一直往上爬，直到最後變成一個傀儡媽媽桑。

佐用桑問我：「阿獎，妳想做一個怎樣的媽媽桑？」

我說：「有朝一日，我希望自己能憑眞本事讓客人開心上門找我聊天喝酒，而不是靠那些互相握手打招呼，坐一整排的爸爸桑！」

是的，我想去外面看看，Group 以外的店是怎麼做生意的？是怎麼管理小姐的？

也好奇外面的世界都是一些怎樣的客人在消費？沒了 Group 的框架，外面的店家會是什麼模樣？不用像 Group 裡互相競爭攀比的外面店家，媽媽桑們又是如何撐起一家店呢？

我詢問佐用桑的意見，他告訴我，趁年輕去看看外面的世界是對的。

我繼續問他：「你願意繼續支持離開 Group 的敦子嗎？」

他睜大眼睛，語氣肯定的說：「當然！我一定支持妳。妳去哪，我就去哪！阿獎，不要害怕，我會陪伴妳。」

心意相通的兩個人，在那一刻，完全感受不到年齡的差距，有了他的眞心陪伴與支持，我心中湧出了從未有過的勇氣。

是啊，有了佐用桑的承諾，我還害怕什麼呢？他的眞心，就是我的依靠！我決定勇敢踏出 Group，走向外面未知的世界……

# 揭開不夜世界的神祕面紗：
## 條通老照片

峇里島員工旅遊，我是最左邊白背心那個。

搞笑哥倆好，深田強吻小島。

深田抱著我，兩眼直視鏡頭，宣示主權。

我和 sayo 桑合照。

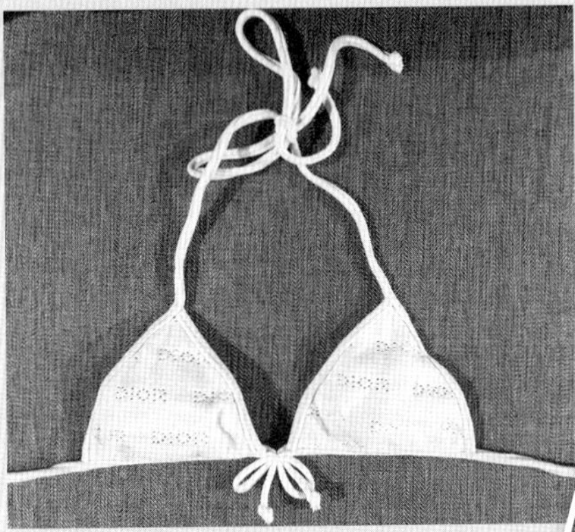

竹內送我，鏤空 Dior 字樣的比基尼。

深田給我的生日卡片。

深田送我的離別禮物。

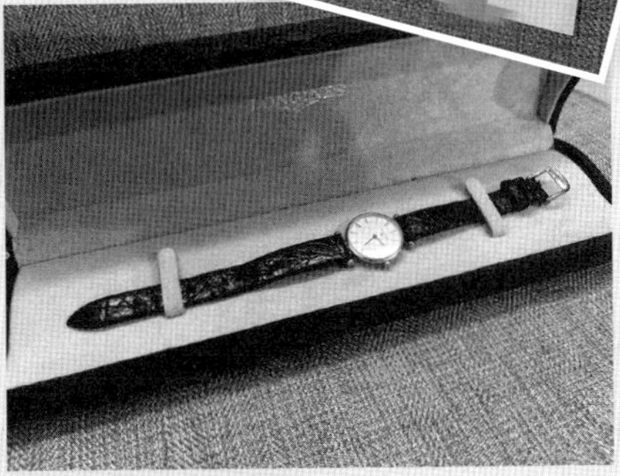

媽媽送我的生日禮物。

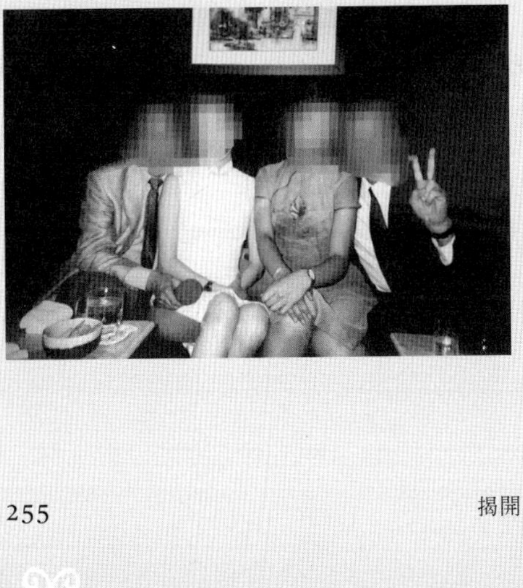

我與深田，
小媽媽與小島。

國家圖書館出版品預行編目資料

華燈之下：條通媽媽桑的懺情錄 / 敦子媽媽著. -- 初版. -- 臺北市：圓神出版社有限公司, 2022.06
256面；14.8×20.8公分 --（圓神文叢；316）

ISBN 978-986-133-825-5（平裝）
1.CST：特種營業　2.CST：回憶錄　3.CST：臺灣
544.76　　111005202

Eurasian Publishing Group
圓神出版事業機構
用心與你對話．視野無限寬廣
圓神出版社
Eurasian Press

www.booklife.com.tw　　reader@mail.eurasian.com.tw

圓神文叢 316

華燈之下：條通媽媽桑的懺情錄

作　　者／敦子媽媽
發 行 人／簡志忠
出 版 者／圓神出版社有限公司
地　　址／臺北市南京東路四段50號6樓之1
電　　話／（02）2579-6600．2579-8800．2570-3939
傳　　真／（02）2579-0338．2577-3220．2570-3636
總 編 輯／陳秋月
主　　編／賴真真
專案企畫／沈蕙婷
責任編輯／吳靜怡
校　　對／吳靜怡．歐玟秀
美術編輯／林韋伶
行銷企畫／陳禹伶．林雅雯
印務統籌／劉鳳剛．高榮祥
監　　印／高榮祥
排　　版／莊寶鈴
經 銷 商／叩應股份有限公司
郵撥帳號／18707239
法律顧問／圓神出版事業機構法律顧問　蕭雄淋律師
印　　刷／祥峰印刷廠
2022年6月　初版

定價 340 元　　ISBN 978-986-133-825-5

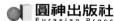